OMUPブックレット No.60

公立保育所の民営化
―公共性の継承をめぐって―

関川芳孝 編著
梅田直美・木曽陽子

| Ⅰ　公立保育所の民営化について | 関川芳孝 | 3 |

1．はじめに
2．公立保育所の民営化についての議論
3．民営化をめぐる裁判の動向
4．公的保育の継承について

| Ⅱ　公立保育所の民営化の動向 | 梅田直美 | 12 |

1．民営化の動向
2．アンケート調査からみえてきた民営化プロセスの実態
3．移管・委託後の運営について

| Ⅲ　民間保育園から見た事業継承の課題 | 木曽陽子 | 31 |

1．引き継ぎをめぐる問題
2．引き継ぎプロセスの問題
3．移管後の運営課題
4．公共性の維持・向上

| Ⅳ　公立保育所の民営化の課題―公共性の継承を中心として― | 関川芳孝 | 50 |

1．セーフティネットの継承
2．事業者選定の考え方
3．公的保育の引継ぎ・共同保育の在り方
4．公立保育所と連携し構築する地域子育ての安心セーフティネット

【著者紹介】　56

はじめに

　本ブックレットは、平成25年度の日本学術振興会科学研究費補助金、挑戦的萌芽研究「公立保育所の民営化と新たな経営モデルの構築」の研究成果の一部を取りまとめたものである。本研究の目的は、市町村において進められている公立保育所の民営化について焦点を当て、移管後も保護者・地域から信頼される保育園として継承させるため、公共性の高い経営モデルを検討することにある。これまでの公立保育所の民営化をめぐる研究は、公立保育所の民営化に対し批判的な検討が展開されてきたが、公立保育所を民営化する自治体は増え続けており、公立保育所の民営化に関する裁判理論も形成されつつある。また、民営化を進める自治体の側も、保護者との説明会や意見交換の場を設ける、引き継ぎおよび共同保育に十分な期間を確保する、移管後もフォローアップを続けるなど、より丁寧に対応するようになっている。こうした状況の変化を踏まえ、あらためて移管のプロセスや移管後の経営のあり方を実証的に考察しようと考えた。

　大阪市、堺市、神戸市において民営化された保育園を対象にアンケート調査を行った。アンケート調査により、移管についてのプロセスおよび移管後の経営課題について全体的な傾向を把握した上、実際に民営化に成功した保育園からヒアリング調査し、公的保育の継承によるあるべき経営モデルの提示を試みた。

　公立保育所こそが保育の実施主体として唯一優れているとは思わないが、保育の市場化の議論にみられるように、市場に委ねれば保育の質が向上するとも考えていない。保育は、公共的な営みであり、地域社会ともつながり・共生しながら、一人ひとりの子どもの育ちが、専門職である保育者によって見守られ、支えられるべきものと考える。移管後の民間保育園において、公的保育が継承され、公共性の高い保育実践がマネジメントされることを願っている。

　この調査結果は、既にその一部を平成27年5月に開催された日本保育学会第68回大会において報告している。本ブックレットは、そこでの報告を加筆修正し、まとめたものである。その後も、自治体職員、移管に関わった公立の保育士を対象にヒアリングを行ったが、調査結果をまとめることができなかった。さらには、保護者や地域住民など様々なステークホルダーに聞き取り、公立保育所の民営化と移管後の民間保育園に期待するものを取りまとめ、公共性の高

い保育園の経営モデルを明らかにしようと考えたが、経営モデルの構築までには至っていない。しかし、調査結果の分析をお願いした梅田先生、木曽先生の詳細な検討により、民営化の現状と課題については、有益な取りまとめが可能となった。この研究によって、十分な研究成果を挙げることができなかったとすれば、ひとえに研究代表者である関川芳孝の責任にある。

　最後に、調査に協力いただいた社会福祉法人の方々には、あらためてお礼を申し上げたい。大きなトラブルもなく順調に公立保育所を引き継ぎ、移管後も誠実に保育園経営に取り組んでおられる法人から話が聞けたことによって、公的保育の継承について有益な示唆をいただけた。また、本書の出版に当たっては、大阪公立大学共同出版会の児玉さんと中村さんに大変お世話になった。深く感謝したい。

　2017年3月

関川芳孝

I　公立保育所の民営化について

1．はじめに

　地方分権の推進、地方自治体の財政事情の悪化、公立保育所の運営費一般財源化などを背景に、公立保育所の民営化は全国に広がっている。平成13年、規制改革推進3ヵ年計画に始まる構造改革は、保育園の経営に民間企業の参入を認めるなど、規制緩和を進めていった。これに先行して、関西では尼崎市が平成10年に公立保育所を民間移管したのを皮切りに、他の自治体でも公立保育所を民営化していった。たとえば、堺市も、平成11年に民営化を開始している。こうした動きは、構造改革、三位一体改革とむすびつき、全国の自治体に広がっていった。

　子育てをめぐる地域や家庭の状況が大きく変化する中で、保育ニーズが拡大・多様化し、都市部の市町村においては、待機児童の解消のみならず、延長保育、休日保育、夜間保育など多様なニーズへの対応を求められた。平成15年には児童福祉法も改正され、自治体は地域における子育て支援事業の実施が義務付けられている。厳しい財政状況のなかで、自治体は保育ニーズの拡大・多様化に柔軟に対応するため、公立保育所を民間法人の経営に委ねた方が、変化する保育ニーズに対し効率的かつ柔軟に対応できると考え、公立保育所の民間移管が広がっていった。しかも、構造改革が、小さな政府をめざし、地方分権・三位一体の改革を進めた結果、各自治体は、保育に限らず、「官から民へ」行政サービス体制全般の見直し・スリム化へと動き始める。自治体による行財政改革のなかで、公立保育所を民営化する検討が広がっていった。

　本書における公立保育所の民営化とは、公立保育所を廃止し在園児の保育を含め民間保育園に移管、民間保育園が設置主体となって移管後の保育園を経営する事例を想定している。しかし、実際には、公立保育所の管理を自治体が行い、保育所の運営を民間の法人に委託する公設民営タイプの事例、指定期間を定めて公立保育所の管理および運営全般を民間法人に委託する指定管理制度を活用した事例もある。これらを含め「公立保育所の民営化」と呼ぶことは可能である。

　三位一体改革により、平成16年から国から市町村に対する公立保育所の運営費補助金が廃止され、一般財源化されている。三位一体改革とは、国から地方

自治体に税財源を移譲し、国庫補助金および交付税を削減するものである。民間保育園に対する運営費補助金も一般財源化が検討されたが、見送られた。三位一体改革によって、市町村は、公立保育所を運営する限り一般財源から運営費を確保しなければならないが、民間保育園については国および都道府県から運営費の補助が残された。これによって、公立保育所を民営化すると市町村の負担軽減につながる構造が作られた。

　子ども子育て支援法においても、保育所など教育・保育施設の運営費は、施設型給付として支払われるなど制度の枠組みが大幅に変更されたが、市町村が設置する施設については、国や都道府県からの補助はなく、一般財源化されたままである。そのため、公立保育所の民営化は、現在なお多くの自治体において進められており、歯止めがかからない状況にある。さらには、新制度は、幼保連携型認定こども園の制度を定めているが、自治体によっては、公立の保育所と公立の幼稚園を一括して民間法人に移管し、幼保連携型認定こども園の整備を求める例もみられるようになっている。

2．公立保育所の民営化についての議論

　公立保育所の民営化については、背景にある保育改革の基本的な考え方、すなわち公的責任のよる保育の原則を転換し、民間参入による保育サービスの提供、ひいては保育の市場化を進めようとする新自由主義的な議論と関連付けて考える意見もある。こうした見方をすると、公立保育所の民営化とは、公的責任に基づいて運営される公立保育所を解体し、規制緩和による民間参入を促すものであり、市場原理のもとで保育サービスを提供する制度改革をめざすものと批判される（保育行財政研究会、2002）。

　現在も、待機児童問題が深刻な都市部では、民間企業の参入を促し保育の受け皿を拡大することによって、待機児童の解消を図ろうとする自治体もある。しかし、民間企業が主たる保育の担い手になるような保育の市場化をめざして、公立保育所の民営化を進めている自治体は少ない。公立保育所を民間企業に移管する例がないわけではないが、極めて例外的といえる。実際、民間移管といっても、実態は行政の監督のもとに置かれる社会福祉法人を移管先に選考する場合が圧倒的に多い。

　自治体が公立保育所の民営化を進めようとしているのは、もっぱら次の理由

からである。一つは、財政的な理由、コストの削減を目的としている。もう一つは、多様な保育ニーズに応えるため、である。

　財政的な理由についていえば、公立保育所は民間と比較し経費がかかっており、一般財源化されたことから、自治体の負担となる。公民のコストの違いは、公立保育所において勤務する保育士の給与、つまり人件費によるところが大きい。公立保育所の保育士に対する給与体系は、地方公務員の給与規定によることから、総じて民間保育園で勤務する保育士より、平均給与も高くなる。また、公立保育所における保育士の平均勤続年数が民間保育園と比較して長いことも影響している。こうしたことから、公立保育所の運営費は、地方交付税措置の枠のなかでは収まらず、超過負担を生んでいた。

　また、公立保育所において、夜間保育や休日保育など、多様な保育ニーズに対応しようとすれば、民間保育園以上に経費がかかる。昭和40年代、50年代に建てられた保育所は老朽化しており、修繕なども必要となり維持管理の経費もかかっている。ましてや、老朽化した施設を建て替えるとなると、新たな経費が必要になる。民間施設の建て替えと異なり、国や都道府県からの補助はない。

　他方、民間保育園に移管することにより、国や都道府県からも運営費の補助があり、自治体の支出削減が可能となる。老朽化した施設を取り壊し、移管先法人に対し新設の保育園の整備を求めることもできる。こうした建て替えについての自治体の経費も、民間保育園を新設する程度に抑えることができる。

　削減された経費の一部は、待機児童解消のための施設整備や地域子育て支援の拡充などに充当できる。自治体における財源が厳しい状況にあるため、担当部署においても、新たなニーズに対応しようとなると、既存事業のスクラップ＆ビルドによる財源確保の努力が求められる。こうしたことも、公立保育所の民営化が進む一因となっていると思われる。公立保育所の民営化の実際について調査した研究があるが、民営化後には財政効果が上がっただけでなく、調査した自治体すべてにおいて保育ニーズへの対応が改善していると分析している（前田正子、2000）。

　しかし、民営化される公立保育所を利用する保護者からすると、民営化によって、保育の質が下がらないか、保育の環境が激変し、子どもの育ちに影響しないか不安に思うのは、当然である。民営化の対象となる保育所を利用する保護者に対しては、こうした不安に配慮し、自治体から丁寧な説明がされた上、民営化に対する意見陳述の機会が与えられるべきである。

さて、自治体の側は、民営化によって保育の質は低下しないと説明する。しかし、実際のところ、民営化によって保育の質が低下するかどうかは、判断が難しい。認可保育園としての保育の質は確保されようが、移管後の保育内容が移管前と同じであるはずがない。移管前の保育内容を原則的に引き継ぐことが、移管の条件とされているが、移管によって保育に関わる保育士の構成が異なる以上、移管後において公立保育所による保育と同じ保育を実践できるとは限らない。どのような法人に移管するかによっても、変わってくる。こうした不確実な部分があるので、自治体から保育の質が落ちないと説明されても、保護者の側からすれば、本当に「民営化で保育がよくなるの」と不安を払拭できない（垣内、2006）。

　民営化によって改善される部分もある。たとえば、移管によって保育園が新たに建て替えられる事例では、施設・備品など物的な保育環境も変わる。建て替えがなかったとしても、保育環境については、民間保育園ならではの工夫・改善もされよう。時間の延長など、保護者のニーズに配慮した保育となる場合が多い。こうしたことを総合的に評価し、保育の質が低下するかどうかは、判断されるべきことになる。

　民営化によって保育の質が低下しないかどうかは、民営化に取り組むいくつかの自治体が行っているように、第三者評価や保護者の満足によって検証されるべきものと考えている。民営化した自治体による検証結果を見る限り、総じて民営化された後の保育に対する保護者の満足度は高い（大橋、2010）。民営化に反対する論者が批判するように、民営化をすれば必ず保育の質が低下するという主張には、必ずしも説得的な根拠はないように思われる。

　公立保育所を利用する保護者がどのような理由から当該保育所を選んだのかは、様々であろう。仮に、公立の保育が安心できる、保育の質が優れていると考え、公立保育所を選択したのであれば、当該保育所が民間に移管されることに賛成できないと思われる。公立保育所と比較し、民間保育園の方が保育の質が劣っていると考えているならなおさらである。こうした立場から、自治体は、入所時に公立保育所の選択を認めた以上、就学まで公立保育所における保育を保障するべきと考えるのは、極めて合理的である。

　民営化に不安を抱く保護者に対し、公立保育所を民営化しようとする自治体が、十分な説明もせずに、拙速かつ一方的に民間移管を進めるならば、保護者と対立も生じよう。また、民営化のプロセスにおいても、引き継ぎと共同保育

が適切に行われなければ、移管後の保育にも重大な影響が生じることになる。そのケースのいくつかが、保護者による移管に対する反対運動、さらには、公立保育所の廃止の決定の取り消しや、損害賠償の請求などの裁判につながっていった。

3．民営化をめぐる裁判の動向

　民営化決定の取り消しを求める最初の裁判例は、平成16年の高石市の民営化取り消し訴訟一審判決である。これに続いて、以下のとおり、大東市、枚方市、横浜市、神戸市、仙台市、大阪市などに対する裁判が続いている。

①高石市（大阪地裁平成16年5月12日判決／大阪高裁平成18年1月20日判決）
②大東市（大阪地裁平成17年1月18日判決／大阪高裁平成18年4月20日判決）
③枚方市（大阪地裁平成17年10月27日判決）
④横浜市（横浜地裁平成18年5月22日判決／東京高裁平成21年1月29日判決／
　　　　　最高裁第1小平成21年11月26日判決）
④神戸市（神戸地裁平成20年12月16日判決）
⑤仙台市（仙台地裁平成21年9月28日判決）
⑥大阪市（大阪地裁平成22年4月15日判決）

　一連の裁判例をみると、民営化に至る経緯として、行財政改革の一つとして、公立保育所の民間法人への移管が決定されていることがわかる。たとえば、高石市の裁判においては、第一審判決は、「財政状況が悪化している市が、財政効果の観点および保育所民営化による待機児童の解消や延長保育の実施といった保育サービスの拡充の観点から行ったものであり、当該処分に裁量権の逸脱ないし濫用は認められない」と判示している。また、大東市の事例においても、第一審判決において「公の施設の設置、管理および廃止については、地方公共団体ないしその長の裁量的判断に委ねられていると解するのが相当であり、その裁量権の行使に逸脱ないし濫用が存した場合には違法となるものと解される」とした上、「前記保育所の廃止、民営化には、経費削減効果があり、これに合理性が認められる」とある。枚方市の事例においても同様である。第一審判決では、「市立保育所の廃止処分に、経費削減および待機児童解消という合

理的な理由があり、しかも当該保育所の入所児童およびその保護者への配慮として、新保育園において当該保育所での保育内容と継続性があり、かつ、保育として必要とされる一定の水準を保持するための手続きを予定していたと認められるから、当該保育所廃止処分に裁量権の逸脱、濫用があるとは認められ」ないとしていた。

　他方、保護者が主張する、公立保育所を選択し自治体の決定を経て入所したのだから、卒園するまで当該保育所に在籍する権利があるという訴えは、一部の裁判でも認められている。なかでも、横浜市の事例では、最高裁も「当該保育所の利用関係が保護者の選択に基づき保育所および保育の実施期間を定めて設定されるものであり、現に保育を受けている児童およびその保護者は当該保育所において保育の実施期間が満了するまでの間保育を受けることを期待し得る法的地位を有する」と認めた。確かに、最高裁判決では、高石市一審判決、大東市一審判決・高裁判決、枚方市一審判決のように、契約上児童が就学するまで当該保育所において保育を受ける権利があるとは認めていない。しかし、平成9年の児童福祉法改正において、措置制度を廃止し、保護者が希望する保育所を市町村に申し込むという仕組みに変更しているが、これを保護者の選択を制度上保障したものと解釈し、入所時に決定された保育の実施期間が満了するまでの間保育を受けることを期待し得る法的地位を有するという結論を導いた。高等裁判所が、民営化を目的とする公立保育所の廃止にかかる条例の制定は取り消し訴訟の対象となる行政処分に該当しないと判示していただけに、最高裁の判断は、民営化に反対する保護者が裁判で争う道を開いているという意味においては、評価できる。なお、原告である保護者は、高等裁判所の判決を不服として上告したが、最高裁は上記のような考えを示しつつも、結論においては既に当時の在園児が卒園していることを理由に上告を棄却している。

　問題は、どのような場合に当該民営化が違法とされるのかである。たとえば、保護者が、保育の実施期間が満了するまでの間保育を受けることを期待し得る法的地位を主張し民営化に反対を続ける場合、自治体が所定の民営化の手続きを進めることは、違法といえるであろうか。

　最高裁が、このような法的地位を認めているとしても、保護者が同意しない民営化の決定が、ただちに裁量権限を逸脱濫用した不当な権利侵害であるとして、違法とされるわけではないであろう。ここで争点となるのは、実際に移管のプロセスが、たとえば保護者に対し十分な説明をしない一方的なものである

など、裁量権限を逸脱濫用したものといえるかどうかである。

　神戸市の裁判では、裁量権の逸脱濫用に該当するかについて、共同保育を含む移管のプロセスを詳細に検討しており、参考になる。神戸市の事例では、①移管予定の市立保育所について、物的な環境および人的な環境など保育環境について、移管後も保育の質が維持されるように相応の措置が講じられていたこと②移管先法人の公募にあたって、現在実施している保育内容を引き継ぐこと、障害児保育を実施することを含むなど、可能な限り本件保育所と同等な保育環境を維持し、質的にも一定水準の保育を確保するための公募条件を設定していること③共同保育の内容について、本件保育所の設備・保育所における具体的な一日の保育の流れを把握し、児童の個性や特徴を認識し、共同保育の中で児童と触れ合うことで児童との間で関係を築き上げるなど、民営化後に本件法人が児童に対し適切な保育を行うために必要な事項を引き継ぐという共同保育の目的を達成したといえる程度の共同保育が実施されたと評価できること④移管後も引き続きフォローアップ、巡回指導などが行われていること、などを理由に裁量権限の逸脱濫用があったとはいえないとの判断を示している。

　なお、共同保育の期間については、3ヵ月という比較的短い期間であったが、内容やその後のフォローアップも考慮して、公立保育所の廃止・民営化にあたって要求される最低限の水準は十分充たしていたと述べている。これに対し、大東市の民営化の事例では、二審判決が、保育士が全員交代し、新保育園に登園することを嫌がる子どもがいたことを考慮し、引き継ぎ期間を少なくとも1年程度設定することを求めていた。その上で、新保育園の保育士となる予定者のうちの数名に、本件保育所における主要な行事などをその過程を含めて見せること。さらに、移管後も、数ヵ月間程度、本件保育所において実際に本件各児童に対する保育に当たっていた保育士のうちの数名を新保育園に派遣することなど十分な配慮をすべきと判示した。実際の大東市の引き継ぎ期間は、3ヵ月で保育士数名が参加するという内容のものであり、結果として移管後も、児童に怪我が多く発生し、子どもが保育士の知らないうちに自宅に戻る、5歳児クラスにおいて、保育士の話に集中せず、各自がバラバラの行動をとる混乱状態が生じたことが認められ、引き継ぎの期間が短かったことが、こうした事態を招いた理由の一つとして説明されている。

　神戸市の裁判でも、原告が共同保育の期間は最低1年必要であったと主張していたが、認められていない。神戸市の事例では、移管後の保育のあり方をみ

ても、大東市の事例に相当するような特別な事情が認められないことも評価の違いに影響しているものと考える。引き継ぎ・共同保育の期間が妥当かどうかについては、必ずしも1年以上必要というわけではなく、実際の共同保育の体制や内容、さらには移管後の保育状況に即した総合的な判断となりそうである。

　以上、民営化をめぐる裁判の動向についてみてきた。公立保育所の民営化をめぐる判例理論の枠組みは、固まってきているように思われる。民営化に反対する保護者が裁判を起こしても、裁判所から、自治体の対応が裁量権限を逸脱濫用したものであり、違法であると認めてもらうには、かなりハードルが高い。移管を進めるプロセスに問題があり、保護者に対し丁寧な説明や意見聴取をしない、共同保育によって適切な引き継ぎができず、移管後保育の質が明らかに低下したという特別な事情がない限り、保護者が裁判に勝つのは難しい。最高裁まで争うとしても、移管時に在籍した園児が就学していれば、上告しても訴えの利益が認められない。裁判において仮に民営化が違法であるとの判断に至っても、移管後数年して元の公立保育所に戻すことは、通園する他の園児の利益を考えると、難しい。もちろん、国家賠償法に基づき損害賠償の請求が認められる余地はある。

　最近は、保護者の側も、民営化に対し反対運動ありき、という姿勢ではなくなっているように思われる。限られた経験からすると、自治体と丁寧に協議し、民営化によって保育の質が落ちないように要望を伝え、選考された移管先法人と協議することを重視するようになっている。

4．公的保育の継承について

　公立保育所を民営化する場合、保育所に園児が在籍している事例が殆どである。そのため、自治体としても、民営化が在籍する子どもの育ちに顕著な影響がでないように適切な措置をとる必要があり、移管先法人に対しても、共同保育の実施などによって現行の保育内容を可能な限り引き継ぎ運営することを求めるのが、一般的といえる。また、保護者も、基本的に従前の保育内容は引き継がれるものとして、説明を受けている。

　公立保育所の民営化に当たって、在園する子どもの福祉を重視することは、移管のプロセスにおいて大切であることはいうまでもないが、移管後の民営化された保育園は本来的にどのように運営されるべきであろうか。公立の保育所

の保育を引き継がねばならない意義が、在園している子どもの育ちに悪影響を及ぼさないように配慮することであるとすると、移管当時在園していたすべての園児が就学によって卒園した後の保育園の経営は、基本的に法人側の自由に任されてよいことになる。

　しかし、「公の施設」公共財である公立保育所の移管を受ける以上、移管先の保育園には、移管後も様々なステークホルダーの社会的な信頼に応える責任があるのではないか。自治体との協定を遵守し、子どもたちに質の高い保育を提供することはもちろんであるが、公共財である公立保育所の移管を受ける以上、公的保育を継承しつつ、公共性の高い保育園経営をめざすべきではないだろうか。もちろん、公募条件や移管協定をみても、移管先法人に対して、こうした責任を明確にしている例は見当たらない。しかし、このことは、移管先法人の良識に委ねられているものと考えたい。

　公的保育は、市場ベースでは成立しない子どもの最善利益からみて公正で中立的な保育と考えたとしても、必ずしも公立保育所でなければ実現できないものではない。むしろ、社会福祉法人も、社会福祉実践の立場にたって、公的保育の実践をめざす公益性の高い法人であるべきと考える。社会福祉法人制度の本旨から考えるならば、たとえコストがかかっても、①低所得で生活に困窮している家庭を排除せず、その子ども保育する②被虐待児童を保護し、保護者に対し相談支援する③障害児を積極的に受け入れ、保護者に対し相談支援する、などが求められる（社会福祉法人研究会、2006）。要保護児童を受け入れ保育する場合には、保護者の家庭を含めて支援しないと、子どもの成長と発達を支えることは難しい。保育という枠にとらわれず、家庭福祉の立場から、このような福祉ニーズに丁寧に対応するには、ソーシャルワークなどの専門性をみにつけた保育士の配置も必要になろう。

　移管先法人が、社会福祉法人であれば、公としての役割を継承し、日常生活および社会生活において支援が必要な子育て家庭のニーズに対応するなど、公共性が高い保育所経営をめざすべきではなかろうか。共同保育を通じ公立保育所の実践に学び、公的保育を継承し、移管後も公立保育所と連携することによって、移管先法人は、自らの公益性や公共性を高めることができると考えている。以上のような問題意識をもって、あらためて、移管を受けた法人に対し、アンケート調査およびインタビュー調査を行い、公共性を高める事業継承のあり方を考えてみたい。

Ⅱ 公立保育所の民営化の動向

　本章「Ⅱ」では、全国のいくつかの自治体における民営化の動向について概観したうえで、大阪市、堺市、神戸市において民営化された保育園を対象としたアンケート調査結果の分析を通じて、公立保育所の民営化プロセスや移管後の運営の実態についてみていきたい。

1．民営化の動向

　前章「Ⅰ」で述べられているように、家庭と子育てをめぐる社会環境がめまぐるしく変化するなかで、公立保育所の民営化は全国の自治体に広がっている。ここでは、全国におけるいくつかの自治体を事例として、民営化の動向を概観する。なお、資料としては、各自治体が公表している民営化に係る答申、計画、移管基準、検証報告書などを用いた。

　まず、全国のなかでも先行して民営化を進めてきた兵庫県尼崎市についてみていきたい。尼崎市では、平成5年の尼崎市行政改革審議会答申「新しい時代に対応した行政サービスのあり方について」の考え方を基本として、多様な保育ニーズへの対応と運営の効率化を図ることを主目的として、平成10年度から順次民営化が進められてきた。平成19年には、尼崎市での今後の公立保育所民営化の方向性を示すものとして「公立保育所の今後の基本的方向」および、それに基づいた「保育環境改善及び民間移管計画」が公表された。この計画を策定するにあたっては、それまでに民間移管した15園に入所している児童の保護者を対象としたアンケート調査やパブリックコメント、保護者や市民を対象とした地域説明会や意見交換会を実施している。計画においては、「私立保育所では担うことが期待しにくい領域については、公立保育所が一定の役割を果たすべき」とし、その役割の主なものとして「保育に欠ける子どもの受け入れを保障する役割」「市の保育水準の維持向上を示す役割」「地域における子育て支援事業の協力・連携機関としての役割」の三つを掲げつつも、これらの公私の役割を考慮したうえで公立保育所の適正規模を検討し、市域に9ヵ所の公立保育所を残してその他は民営化を進めていくということが示された。この民営化計画は、大島保育所などでの保護者から廃止処分の取り消しを請求する訴訟などを踏まえて見直しが行われながら進められた。実際には、当初45ヵ所あった

公立保育所のうち、平成27年度までで24ヵ所の公立保育所が民間移管され、平成28年4月現在で公立保育所数は21ヵ所となっている。また、そのうち12ヵ所は今後の民間移管対象とされており、最終的には、平成19年の計画通り9ヵ所が公立保育所として残る計画である。

　尼崎市では、移管先の対象としては「社会福祉法人」に限定し、移管先法人の選定にあたっては、学識経験者だけでなく対象保育所の保護者代表者が参画できる「移管法人選定委員会」を設置している。また、保護者や児童への配慮として、移管予定保育所の保護者代表、移管先法人と市からなる「三者協議会」を設置し、移管前および移管後に開催されている。保育士の配置については、4年以上の経験者を3分の1以上配置すること、10年以上の保育経験者を2人以上確保することとしている。「引継ぎ」と「共同保育」については、移管前の保育内容を継承するとともに、保育士が入れ替わることなどによる保育環境の変化が子どもに及ぼす影響をできるだけ最小限にするための基準が設けられている。「引継ぎ」については、法人決定後すみやかに引き継ぎ書により行うものとし、「共同保育」については、法人と市で「共同保育計画」を作成し、それを事前に保護者にも提示した上で、原則として2ヵ月間（2月から3月まで）行うこととしている。移管後は、移管前の公立保育所の所長は6ヵ月間、保育士は4ヵ月間、移管先の保育園を訪問することとなっている。また、「第三者評価」を移管後3年以内に受審することも移管条件とされている。

　平成28年に公表された「公立保育所民間移管の取り組みの検証について」によれば、以上の移管条件は、いずれの園においても移管後守られていることが報告されている。また、同報告書では、待機児童の解消状況や多様な保育ニーズへの対応の状況、行財政改革上の効果額などの移管による効果や、平成19年度までに移管された園の保護者を対象としたアンケート調査の結果、大島保育所における訴訟の経緯や判決文も記載されたうえで検証が行われており、児童や保護者へ配慮しながら慎重に民営化を進めていこうとする姿勢がうかがえる。

　次に、同じく全国でも先行して民営化に取り組み、本章の調査対象ともなっている大阪府堺市を取り上げたい。堺市では、平成10年9月に「行財政改革推進に向けての提言」が出され、保育分野で「市立保育所の運営については、民間への運営委託の方向で進めること」という項目が掲げられた。この提言に基づいて策定された「新堺行財政見直し実施計画」を経て、平成11年に市立保育

所の民営化が開始された。その後、平成14年の堺市社会福祉審議の答申「少子化時代における保育サービスのあり方について」を踏まえ、平成16年に、市内の公立保育所36ヵ所のうち、各区1ヵ所ないし2ヵ所、合計11ヵ所を存続させ、その他は民営化する方針を定めた。その後、平成13年度から平成24年度にかけて20ヵ所の保育所運営を民間に移管した（堺市子ども青少年局「市立保育所の民営化について」平成28年）。

　堺市では、移管先の主体は「社会福祉法人又は学校法人」としている。公募による選考方式で外部有識者を含めた委員が審査し市が選考する。移管にあたっての条件としては、移管元の保育所で行ってきた特色ある保育を基礎とし、移管後も継続して行うべき保育内容や事項を定めた移管条件を提示して、法人に遵守するよう求めている。移管条件には「運営条件」「教育・保育内容」「通常保育以外のサービス」「職員について」「第三者評価の受審」の項目が記載されている。「引継ぎ・共同保育」としては、移管の1年前から、施設見学受け入れやミーティングにより一人ひとりの子どもの姿、年間行事やデイリープログラム、安全衛生管理、保護者や地域との連携などを、お互いに確認しあって引き継ぐこととしている。そして、10月からは、移管先法人職員との共同保育を行うことにより、引き継ぎを経ても、子どもが安心して落ち着いた生活を送れるよう配慮するとともに、きめ細やかな引き継ぎが行われるよう努めることが明記されている。移管後は、移管先法人に対する直接的な監査や検査、確認、指導のほか、保護者を対象としたアンケート調査を実施している。また、市立保育所の所長経験のある保育士が子育て支援部に在籍し、移管後1年間は月1回程度、保育所を訪問して運営や子どもの様子を確認し、指導を行うという体制をとっている。また、保護者への対応としては、子育て支援部内に窓口を設置して相談・苦情に対応するとともに現場へのフィードバックをすることとしている。

　もう一つ、関東で先行して民営化を進めてきた自治体の一つとして、神奈川県横浜市についてもみておきたい。横浜市では、平成15年に、横浜市児童福祉審議会による今後の保育施策についての意見具申に基づき「今後の重点保育施策（方針）」を策定した。この方針に基づいて、平成16年度から25年度まで1年度につき4園ずつ、平成26年度、27年度は1年度に2園の移管を行い、12年間で40園の移管を行った。平成26年には「市立保育所のあり方」に関する基本方針を定め、市立保育所54園を「ネットワーク事務局園」に指定し、それ以外

の市立保育所は民間移管の対象として検討することとなった。この計画は、民営化を開始した平成16年度からの検証結果を踏まえて策定されている（横浜市こども青少年局「市立保育所民間移管実施基準」平成27年）。

　横浜市では、「民間事業者が自身の判断で柔軟に保育ニーズに対応できるようにする」という目的で、民間移管方式をとってきた。移管先は、「社会福祉法人、公益法人（公益財団法人及び公益社団法人）」としている。移管条件としては、保護者の懸念を解消するため、基本的な保育内容および保護者の声、これまでの移管状況、法人選考委員会での議論を踏まえて移管年度ごとに「横浜市立保育所の民間移管にあたっての諸条件」を定めている。移管スケジュールとしては、移管予定園の公表を移管の2年半前に行うこととし、引き継ぎ期間は1年間、そのうち3ヵ月間は共同保育期間、引き継ぎ期間の1年間の間に5回の三者協議会（保護者、移管先法人、横浜市）を行うというスケジュールを提示している。さらに、保護者対応として、保護者説明会、個別相談、既移管園見学会、共同保育見学会、転園希望者への対応（民間移管を理由に他の市立保育所への転園を希望する場合、新規利用希望者と同等に取り扱う）を実施している。移管後は、移管前の市立保育所園長や、市立保育所園長などの経験がある市こども青少年局の職員が1年間にわたり月に1回の訪問・助言を行うほか、市立保育所保育士や市立保育所園長経験のある職員が定期的に訪問・助言を行っている。また、移管後も三者協議会を開催することや、福祉サービス第三者評価の受審を移管条件とすることなどのアフターフォローに取り組んでいる。

　以上の3市は公立保育所の民間法人への「移管」を行ってきた事例であるが、自治体によっては、「委託」を中心に進めてきたところもある。「委託」を中心に進めていたが近年になり「移管」へと計画が移行している大阪市の状況にも少し触れておきたい。

　大阪市では、平成16年度から、公立保育所の民間委託を始めた。平成16年度から平成26年度までの11年間に、民間委託48ヵ所、休廃止17ヵ所の民営化・効率化を進め、その成果として約46億円の削減効果を得た。しかし、委託では施設管理にかかる事務や経費負担が必要であること、また、費用削減効果や民間保育所の運営ノウハウの活用が移管よりも限定的であるなどの理由から、今後より民間活力を活用していくためには、民間移管を進めていくべきであるという目標が掲げられるようになった。平成24年に策定された「市政改革プラン」

では、セーフティーネットとしての公立保育所の必要性を考慮しつつも、今後は、原則として民間移管に取り組む方針が示された。平成25年には、その計画を定めた「公立保育所新再編整備計画」が公表されている。この「公立保育所新再編整備計画」では、円滑な民間移管のための児童・保護者への対応として、「市民への民営化計画（民間移管）の説明」「児童への影響を最小限にとどめる対応」の大きく2項目が記載されている。「市民への民営化計画（民間移管）の説明」としては、広く市民（保護者）の理解を得るために計画を可能な限り早期にホームページなどで公表すること、保護者に対し移管の概要や進め方などについて誠意をもって説明することで保護者の不安や疑問点の解消に努めること、が挙げられている。また、「児童への影響を最小限にとどめる対応」としては、民間移管の前日時点で在籍している児童が保育期間を終了するまではアンケート調査を実施すること、保護者、移管先法人、市の三者で組織する「三者協議会」を設置して移管に伴う諸事項について協議し合意形成を図ること、移管先法人の施設長・主任保育士予定者に1年を上回る期間にわたり引き継ぎを行うこと、移管前3ヵ月間の共同保育を行うこと、移管の公表から共同保育まで22ヵ月を設定し、児童・保護者に十分な配慮と対応を行うこと、などが明記されている。移管先法人の選定にあたっては、「学識経験者や保育の専門家等で構成する『（仮称）公立保育所の民間移管法人選考委員会』を設置」することとしている。なお、この「公立保育所新再編整備計画」では、公立保育所の役割を「民営化を達成するまでの役割」と「最終的な役割」に区分し、前者として「民間保育所を補完するサポート機能の役割」「民間保育所で受け入れが困難な障がい児等を受け入れるセーフティーネットの役割」、後者として「民間保育所では対応しきれない児童に対するセーフティーネットとしての役割」「保育施策の企画・立案とその有効性を実証する場としての役割」が挙げられており、こうした公私の役割を踏まえての移管計画を進めるべきことが記載されている（大阪市こども青少年局「公立保育所新再編整備計画」平成25年）。

そのほか、「委託」のなかでも、指定管理者制度を導入している自治体がある。たとえば、東京都墨田区では、平成17年に策定した「墨田区次世代育成支援行動計画」の中で民営化の方針が定められた。その後、「墨田区保育園民営化計画」を策定、区立保育所において指定管理者制度を導入し、平成27年4月現在で区立保育所27ヵ所のうち、5ヵ所が指定管理者制度による公設民営園となっている。しかし、指定管理者制度では5年または10年ごとに公募が必要であり、運

営主体が変わるかもしれないことに対する保護者の不安が拭えないことや、民間活力を活用しての効率化や多様な保育サービス供給に限界があることから、今後は、子ども・子育て支援制度のもとで導入する「公私連携制度」による民間移譲に移行していくことが計画されている（「墨田区保育所整備指針に基づく取組方針」平成26年）。このように、「委託」を中心として民営化を進めてきた自治体においても、近年は「移管」へと移行する傾向にある。

　以上、いくつかの自治体における民営化の状況をみてきた。それぞれの自治体によって、「移管」か「委託」か、また、移管先法人の対象範囲、引き継ぎ・共同保育期間を含めた移管スケジュールなどの違いはあるものの、民営化の進め方や移管基準、検証の方法などに関して大きな違いはみられないようである。

　各自治体における民営化の移管基準や検証内容をみていくと、移管前の公立保育所で行われていた保育の質の確保、保育サービスの向上、保護者の不安の解消、子どもへの影響を最小限にとどめることなどについて、いずれの自治体でも、各地で起こる訴訟などを踏まえ、年々慎重に配慮しようとしていることが読み取れる。たとえば、尼崎市では、平成22年以降には同市の大島保育所における訴訟の経緯や平成21年の横浜市での移管に係る最高裁判所判決を踏まえ、より一層、子どもや保護者に配慮した計画、基準へと見直されている。

　一方で、公立保育所がこれまで行ってきた「保育の質」、とりわけ「公的な保育」とはどのようなものであるか、その具体的な理念や内容は、ほとんどの自治体において方針や計画に明記されていない。もちろん、個別の保育所の移管条件としては、障害児保育の実施（受け入れ人数枠の設定も含められる）、地域子育て支援事業の実施、施設の地域開放、宗教活動の多様性への配慮（原則として宗教的な行事は行わないことなど）、食育・アレルギー対応、市が定める以上の保護者の費用負担を求めないこと、などが定められている。しかし、それらの細かい保育実践の基となる、民営化後も継承されるべき「公的な保育」とはどのようなものであるか、その理念や内容は、ほとんど明記されていない。前章「I」で、関川は、公的保育を福祉としての保育と考えた場合の具体的な例として、たとえコストがかかっても、低所得で生活に困窮している家庭を排除せずその子どもを保育すること、被虐待児童を保護し、保護者に対し相談支援することや、障害児を積極的に受け入れること、などを挙げている。このような「公的な保育」のより具体的な内容が検討され、民営化の計画や基準のなかで明示されていくことが今後は必要になっていくのではないだろうか。引き

続き、保護者の不安や子どもへのネガティブな影響を解消していくことももちろん重要であるが、それとともに、民営化後の保育園がより公共性の高い保育を実践していくことができるような計画や移管基準を策定していくべき段階なのではないかと考える。

2. アンケート調査からみえてきた民営化プロセスの実態

　前節「1.」では、いくつかの自治体における民営化の状況について、各自治体が公表している民営化に係る政策文書の内容をもとに概観してきた。では、実際に民営化された保育園における、民営化プロセスや移管後の運営の実態はどのようなものであるか。本節では、民営化された保育園を対象としたアンケート調査の結果をもとに、その実態をみていきたい。特に、公立保育所が行ってきた保育が、民営化後の保育園においてどのように継承されているか、また、民営化後の保育園が「保育の公共性」をどのように捉え、それを実現するためにどのような保育実践に取り組んでいるのかに焦点を当てる。

　本調査は、大阪市、堺市、神戸市における公立保育所移管・委託後の保育園を対象として実施した。実施期間は2015年1月から2月にかけて、対象3市において民営化された保育園に郵送にて配布し、返信用封筒による郵送回収を行った（督促1回）。配布数は87票（神戸市20票、大阪市48票、堺市19票）、有効回答数は39票、回収率は44.8％であった。今回配布の対象となった保育園はすべて社会福祉法人である。調査票への回答は、園長・所長（不可能な場合はその代理）に依頼した。

　調査項目は、「移管・委託プロセスにおける現状と課題」、「移管・委託後の運営において公立保育所の保育がどのように継承されているか」の2項目を中心としている。「移管・委託プロセスにおける現状と課題」については、保育内容の引き継ぎの方法や引き継ぎ期間についての評価、引き継ぎのプロセスにおいて課題であると感じたことなどを、移管・委託後の保育園園長の評価として問うている。「移管・委託後の運営において公立保育所の保育がどのように継承されているか」については、「保育内容」（「保育内容・保育方針」「保育環境の整備」「給食・間食」「健康・衛生管理」「保護者対応」「行事」）と「特別な保育事業・地域貢献活動など」（一時保育や障害児保育、病後児保育、卒園児対応、地域子育て支援、福祉相談、地域施設交流、地域活動への参加など）

の2領域に分け、移管・委託の前後で内容・方針や取り組み状況がどのように変化しているか、また変化している場合は、なぜ変更したかを問うている。さらに、上記に加えて「保育の公共性を高めるために工夫していること」を自由記述で問うことにより、移管・委託を受けた保育園が「保育の公共性」をどのように捉え、それを実現させるためにどのような実践を行おうとしているかを把握した。以下、各項目の結果を述べていく。

(1) 対象保育園の概要

　移管・委託の種別では、「移管」が51.3％、「委託」が48.7％とほぼ半数ずつとなっている（図1）。移管・委託が行われた時期をみると、2001～2005年が23.1％、2006～2010年が35.9％、2011年以降が41.0％を占めている（図2）。施設の移転・改築状況については、民営化後も従前の土地・施設をそのまま利用している保育園が61.5％を占め、従前の土地で新築または改築した保育園は15.4％、移転かつ新築した保育園は23.1％である（図3）。移管・委託時の職員採用状況は、園長・所長を新規採用しているケースが36.8％、法人職員のケースが63.2％であり、主任の場合も、新規採用が26.3％、法人職員が73.7％と、新規採用が共に3割前後を占めている（図4、図5）。

(2) 引き継ぎプロセスの実態

　次に、引き継ぎの状況についてみていきたい。保育理念や方針、保育内容などが、個々の保育士によってばらつくことがなく確実に、かつスムーズに引き継がれるためには、書面での引き継ぎが行われることが望ましいと思われる。そこで、書面での引き継ぎの有無、および、書面で引き継がれた内容についての設問を設けた。その結果をみると、「保育理念・目標」が61.5％、「保育課程」「月案・週案」が56.4％となっており、保育内容を引き継ぐための主要な事項が、それぞれ半数近くの保育園では書面で引き継がれていない（図6）。また、書面での引き継ぎが「なし」と答えた園も10.3％あった。後に詳述するが、「引き継ぎプロセスにおいて困ったこと」の回答として引き継ぎが不十分であったことを指摘する回答もみられたことから、保育における重要な事項を書面などで確実に引き継いでいくことが課題となっていることがうかがえる。

　引き継ぎにおいて重要な共同保育期間については、10～12月が67.9％と多数を占め、次いで、1～3月との回答が17.9％であった（図7）。この共同保育

期間に対しては、10〜12月と回答した園のうち、61.1%が「ちょうどよい」、33.3%が「長すぎる」と評価し、その他の月数を回答した園は、いずれも「ちょうどよい」と評価している。「短すぎる」と評価した園はなかった。移管先法人のなかには、共同保育期間が不足していると感じている園はなかったようである。

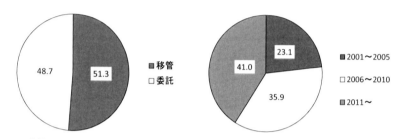

図1　移管・委託の種別（構成比、N=39）　　図2　移管・委託年（構成比、N=39）

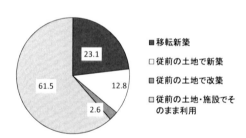

図3　施設の移転・改築状況（構成比、N=39）

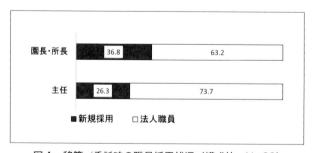

図4　移管／委託時の職員採用状況（構成比、N=39）

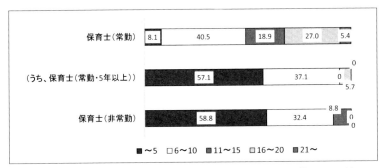

図5　移管・委託時の職員採用状況（保育士の人数）（構成比、N=39）

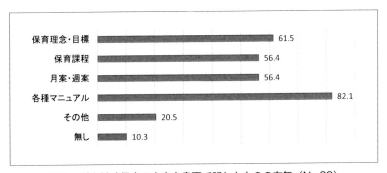

図6　引き継ぐ保育の内容を書面で記したものの有無（N=39）

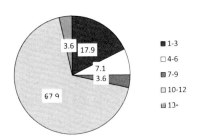

図7　共同保育期間（月数）（構成比、N=39）

　次に、「引き継ぎプロセスにおいて困ったこと」を自由記述方式でたずねたところ、以下のような回答が得られた。
　第一に、公立保育所と民間保育園との間に保育に関する考え方の違いがあり、

その違いを互いに理解するのが困難であったことが挙げられている。具体的には、「子どもの保育に格差はないが、運営上で民間と公立の違いがあり、その違いを互いに理解することが大変だった」「公立と民間の差異についてお互いにカルチャーショックを受けたと思います」「きちんとした書面での引継ぎがなく口頭での引継ぎが多く、又民間園と公立園とでの保育の中身（行事などでも規制があった）もかなり違いがあり、とまどうことも多くありしっかりと理解でききれずに進んでいった感じ」「公立保育所と民間の保育内容に違いがあり、保育士同士の考え方の相違等あり、むつかしさを感じた」「公立保育所のことを引き継ぐのだから、しかたのない事であったが公立の保育はベストでもベターでもなかったので、どう引継いだらよいのか困惑した」といった記述がみられた。

　第二に、公立保育所職員が、公立の保育を継承してほしいと強く思いすぎていた、あるいは言いすぎていたことが挙げられている。「心配なのはわかるが民間の保育士を低く見すぎていたのか口出しが多く困った。実際に公立職員の発言内容に下に見ていると感じる場面が多々あった。公立職員は公立の時のままの運営をそのまま継承してほしいとの思いを強く持ち過ぎていた」「『A市の保育を引きつげ』と言われすぎた」というように、公的保育を継承してほしいという強い思いが、逆に移管先の職員にとっての困惑につながっていたケースも存在していたようである。

　第三に、引き継ぎが不十分であったことが挙げられた。具体的には、「保育士に対する引き継ぎ内容の意図がわからなかった。ただ一緒に保育をしているだけで説明がほとんどなかった（一日の流れを把握するぐらいだった）」「B市の保育を継承するということで、委託を受けたが、委託前の引継ぎもしっかりと出来ないままの委託開始となった」「クラス運営や子どもの育ちについての引継は担任保育士に任されていたので、必ず引継がねばならない家庭状況（虐待の疑い）を『先入観をもって保護者に対応してもらうと困るから』という個人の考えで伝えられなかった」といった回答が挙げられている。そのほか、公立保育所職員や保護者の間で民営化を批判的に捉える風潮があったこと、保護者の不安があったことなども、複数の保育園から回答が挙げられていた。

　以上の結果から、引き継ぎプロセスにおいて、移管元の公立保育所の職員と移管先の民間法人職員の間で保育理念や保育内容および運営についての考え方の違いが多数存在し、その互いの考え方を十分に理解し合えなかったことが、

公立保育所が行ってきた保育を継承していく上での障壁となっていたことがうかがえた。

3．移管・委託後の運営について

(1) 保育方針・保育内容などの引き継ぎ状況

図8は、「保育方針・保育内容」「保育環境の整備」「給食・間食」「健康・衛生管理」「保護者対応」「行事」の6項目についての移管後の引き継ぎ状況の結果をまとめたものである。

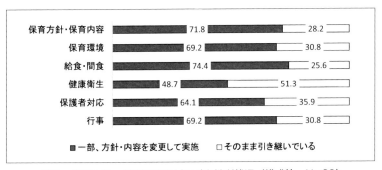

図8　保育方針・保育内容などの引き継ぎ状況（構成比、N=39）

「健康衛生」についてはほぼ半数の保育園が「そのまま引き継いでいる」と回答しているものの、その他の項目はいずれも、「そのまま引き継いでいる」との回答は3割前後か、それに満たない割合であり、6〜7割が「一部、方針・内容を変更して実施」していると回答している。以下、項目ごとに具体的な変更内容をみていく。

「保育方針・保育内容」においては、一斉保育から担当制保育への変更や、法人の理念に基づく保育の導入などの回答が挙げられた。一斉保育から担当制保育へと変更した園では、その理由として、「ひとり1人の育ちを大切にするには乳児の一斉保育は見直す必要を感じ育児担当制に取り組む」「よりていねいな保育を行うため」「個々の子どもを大切にするという点では引き継いでいるが在園児の人数も多く、しっかりと子どもを見ていくために担当制を導入した」「一斉保育だったため、子どもの自主性が育っておらずケンカ・かみつ

き等が多かったため」「乳児クラスの子どもたちの保育をより丁寧に援助できるように」などを挙げている。特に乳児クラスにおいて、一人ひとりの子どもの個性や発達状況に応じて、担当制を導入することでよりきめ細やかな保育を行っていこうとする保育園が多数みられた。また、「法人の特色を出すため」「公立そのままのものでは、自分たちの指針とはなりにくかったため。職員間で話し合い、方針や保育内容を子どもの状況に合わせて作成（3年経過後）」など、法人の理念にあわせての変更を行っている、という回答も目立った。その他、節分、こいのぼり、クリスマスなどの伝統行事や宗教関連行事の復活、主要行事の土曜日への変更（保護者が参加しやすくなるよう）についても複数の園で挙げられていた。

　「保育環境の整備」については、子どもが主体的に遊べる環境づくり、特にコーナー保育、コーナー遊びを導入したという園が目立った。その他、老朽化した危険な遊具や危険物の撤去などの安全に遊べる環境づくり、安全配慮のためのしくみやマニュアルづくり、健康・衛生に配慮した環境改善（乳児室を床暖房に変更、トイレや水回りのドライ化、段差が大きい廊下の改修など）、環境教育を重視しての菜園の設置などが挙げられている。

　「給食・間食（食育を含む）」については、アレルギー対応の充実（対応会議の実施、代替食、予防メニューの工夫）、食育を重視してのクッキングの導入や菜園活動の導入、手づくりおやつの充実、ランチルームやランチホールの設置、食器の変更（プラスチックから陶器に）などが挙げられていた。公立保育所の時は禁止されていたクッキングや餅つきを実施したという園も複数あり、その導入の理由としては「食中毒を心配しての事だったが、安全面、衛生面に十分配慮していれば事故は防げると判断、特に公立時代の方針では食育ができないのではと感じた」と述べている。また、「公立時代は『みんな平等に』を重視するあまり、給食が盛り付けて配膳されていたり、牛乳が丸々1本ビンごと出ていたり、残食が多かった」「子どもにとって食べれる子はいいが、食べれない子にしたら心の負担が多いのと、残食の多さに驚いた。ごはんを食べきれる量を4～5才児では自分で盛り、おかわりをできるようにしたり、牛乳をパックで購入し、飲める分だけコップに注ぐようにした。食器も陶器にし、ごはんもおひつに入れるようにした」というように、公立は「平等」を重視して給食が盛り付けて配膳されていたのに対し、バイキング形式や自分で盛り付ける形式を導入したという園も複数みられた。さらに、「乳児クラスの担任は、

お弁当持参であったが全クラス担任、給食にした。（略）子ども達と一緒に同じ物を食べて、楽しい給食時間を共有する」といったように、保育士と子ども達が共に楽しめることを意識した変更も行われていた。

　「健康・衛生管理」における変更内容としては、衛生上トイレを湿式から乾式へ変更したという回答が多数挙げられていた。また、公立保育所ではトイレの清掃を管理作業員（清掃員）が行っていたが、民間法人では職員がトイレ含め室内の清掃を実施していることが多数の園で挙げられている。「職員がトイレ、手洗い場、室内などの清掃を実施（公立の時は、職員は一切、そうじをせず、清掃員を雇用して行っていた）」「公立職員は基本的にあまりそうじをしない。法人職員は毎朝、夕、そうじをしています」「（公）はトイレ清掃等を管理作業員がしていたが保育士がすることになった」というように、保育士自らがトイレを含めた園内の清掃を行うようになったこと、また、それとあわせて衛生面での点検表やマニュアルの整備、固形せっけんをハンドソープに変える、コップの管理を衛生的にする、など細かい改善点に気づき、それらの改善を順次行っていったことが挙げられている。

　「保護者対応」では、保護者に対する情報発信、たとえば園だよりなどの配布物・発行物・掲示（ポスターなど）の充実、増加を図ったという園が多数みられる。また、保護者参加行事を充実、増加させるとともに、保護者が参加しやすいよう主要行事を土曜日に変更したという回答も複数挙げられていた。そのほか、保護者が意見をいいやすいしくみづくり（行事後アンケート、意見箱、懇談会など）、保護者会の発足などが挙げられていた。2園だけは保護者会の解散を回答として挙げていたが、それ以外の園は、概ね保護者対応の充実を図っていることがうかがえる。具体的な回答としては、「保護者が安心するよう運営委員会で保育内容を話し合う場をつくった」といった、民営化後の保護者の不安を解消するための話し合いの場の設定についての回答や、「園と保護者が共に子育てを楽しみたい、園を理解・（協）共力して欲しいので」「『共育て共育ち』をキャッチフレーズに保護者と共に作る保育所を目指している」など、園の方針・理念として「保護者と共に」を掲げているという回答がみられた。

　「行事」については、季節行事の復活（節分、ひなまつり、クリスマスなど）、宿泊保育、クッキング、地域行事への参加、バス遠足、農園体験・農作業などが挙げられていた。特に、公立保育所では行っていなかった季節行事や宿泊保育、クッキングを復活させた、という回答が多数挙げられている。季節行事に

ついては、「こどもの日やひなまつり、クリスマス会など身分や宗教と関係するのでしていなかったが行うようにした。行事を季節と共に楽しむものとし、子どもへの願いや、思いなどは大切にしたい」「その行事（節分、ひなまつりなど）の持つ、意味、由来をしっかりと話し合い、受け止めて取り組んでいます」といったように、単に宗教的行事だからといって一律に禁止するよりも、その行事の意味や由来を子どもに伝えて話し合っていくことが子どもの育ちにおいてより重要であるとの考えに基づき復活させているという園が多数みられた。宿泊保育についても、「公立ではしていなかったが、子どもの成長にとって、大切な行事なので実施した」「山へ出かけ、自然を満喫し、友だちとの関わりなどを一層深める」「子どもの成長が見られたので」といったように、子どもの成長において重要であると考える行事は、公立保育所で禁止されていたものでも実施するようになった園が多数であった。

　以上の民営化後の保育方針および保育内容などの引き継ぎ状況からは、以下のことがいえる。

　これまで公立保育所が行ってきた保育の理念・方針および内容については、そのまま引き継いでいる園も一定数あることが想定されるものの、多数の園では、一部、方針・内容を変更して実施していることがうかがえた。その具体的な内容として、「平等」「一斉」を重視した考え方に基づく保育を、民営化後には個別性、主体性を重視した保育へと変更している園が多数みられた。一斉保育から担当制保育への変更、コーナー保育の導入、平等を意識して全員同じものを盛り付けた給食からバイキング形式へ、といった変更がそれに該当するだろう。また、宗教的行事をめぐっての宗教的・文化的多様性への配慮に対する考え方ひとつ取り上げてみても、公立保育所ではそれを禁止することが公的かつ平等であると捉えてきたが、民間法人では、その行事の由来や伝統、社会的意味を子どもに伝え話し合っていくことが互いの宗教、文化の違いを認め合うことにつながるという考え方をもって復活させている。また、安全性や健康・衛生面での配慮に関しても、公立と民間で考え方が異なる点がいくつか挙げられている。たとえば、公立保育所では安全性の観点から禁止されていたクッキングや餅つきを、民営化後は、食育や伝統行事として重要なものと考え、安全性に十分に配慮することで実施しても問題ないと判断し復活させている園が多数みられる。一方で、トイレや水回りなどの衛生管理の状況が不十分であるとしてその管理方式を変更している園がかなりの割合にのぼっている。このよう

に、保育方針や細かい保育内容のひとつひとつをめぐり、移管元と移管先の保育園および保育士の考え方の違いが存在し、その違いに対しては、移管後、移管先法人の理念や考え方にあわせて変更しているケースが多数みられた。

(2) 特別な保育事業・地域貢献活動などの実施状況

次に、特別な保育事業や地域貢献活動の実施状況についてみていきたい。図9は、移管・委託の前後で、各事業・活動を実施しているか、していないかを問う設問の結果をまとめたものである。

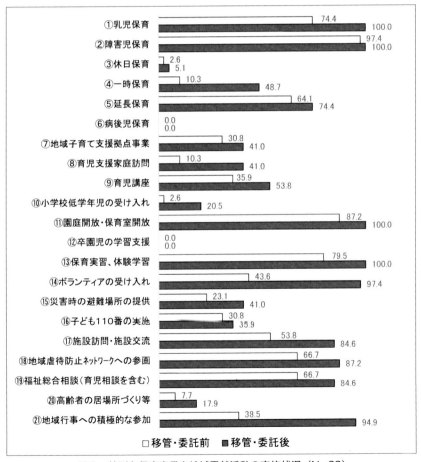

図9　特別な保育事業や地域貢献活動の実施状況（N=39）

まず、特別な保育事業の実施状況をみると、民営化後は、公立保育所で実施していた以上に積極的に取り組んでいる状況がうかがえる。乳児保育、障害児保育についてはすべての園が、延長保育も70％以上の園が実施していると回答している。一時保育は、半数程度にとどまっているものの、移管・委託前の公立保育所での実施状況に比べると、実施園が飛躍的に増加している。なお、休日保育と病後児保育は民営化後もほとんどの園で実施できていない。地域貢献活動については、より積極的に実施していることがうかがえる結果となっている。特に、「園庭開放・保育室開放」、「保育実習・体験学習」、「ボランティアの受け入れ」、「地域行事への積極的な参加」は90％以上の園が実施しており、「施設訪問・施設交流」、「地域虐待防止ネットワークへの参画」、「福祉総合相談（育児相談を含む）」は80％台である。その他の項目についても、いずれも移管・委託前より実施率は高まっている。もちろん、本調査は回答者が移管・委託先保育園であるため、移管・委託前の公立保育所で実施していたかどうかが十分に把握できていない回答者もいるかもしれない。その引き継ぎ状況を考慮したとしても、移管・委託後の保育園での地域貢献活動の状況は概ね活発であるということができるだろう。

　③保育の公共性を高めるための工夫
　こうした地域貢献への積極的な取り組み状況は、移管・委託後の民間園における保育の公共性とは何か、についての考え方と連動していると推察される。「保育の公共性を高めるために取り組んでいること」の有無とその内容について問うたところ、「ある」と回答した多くの園が、その内容として地域とのかかわりの強化、地域貢献の取り組みを挙げていた。具体的には、育児相談、園庭開放、遊び体験などの地域子育て支援拠点としての事業展開、地域の高齢者施設への訪問、交流、自治会などの地縁団体や市民活動団体との連携、お祭りなど地域行事への参加、社会福祉協議会などの地域専門機関との連携、地域の幼稚園・小学校・中学校との連携、地域への情報発信などが挙げられている。

　一方、地域とのかかわりや地域貢献以外の回答としては、人材育成、情報発信・情報提供、第三者評価受審、障害児の受け入れ、児童虐待への対応・防止、保育士の質の向上の研修などが挙げられていたが、いずれも1ないし2ヵ所程度の保育園からの回答にとどまっていた。この結果からは、今回対象となった移管先保育園では「保育の公共性」が主に地域とのかかわりの強化、地域貢献の文脈で捉えられており、それ以外の、特別な配慮が必要な家庭や児童への対応といった福祉的ニーズに対応する保育という意味での「保育の公共性」に対

する認識は、比較的薄い傾向にあることが推察された。

　以上、本章「Ⅱ」では、全国のいくつかの自治体における民営化の動向を概観するとともに、大阪市、堺市、神戸市において民営化された保育園を対象としたアンケート調査の分析を通じて、公立保育所の民営化プロセスや移管後の運営の実態についてみてきた。これらの調査からは、次のことがわかった。

　第一に、引き継ぎプロセスにおいて、移管元の公立保育所の職員と移管先の民間法人職員の間で保育理念や保育内容および運営についての考え方の違いが多数存在しているにもかかわらず、その違いがなぜ生じているのか、互いの考え方を十分に理解しあえなかったことが、公立保育所で行ってきた保育をスムーズに継承する障壁となっていたことが推察される。これまで公立保育所が行ってきた保育の理念・方針および内容については、そのまま引き継いでいる園も一定数あることが想定されるものの、多くの園では、一部、方針・内容を変更して実施していた。たとえば、これまで公立保育所が行ってきた「平等」「一斉」を重視した考え方に基づく保育を、民営化後には個別性、主体性を重視した保育へと変更している園が多数みられた。また、宗教の多様性への配慮ひとつとってみても、公立保育所では宗教的行事を禁止することで配慮していたが、移管先の民間法人では、禁止するのではなくそれらの行事の由来や意味を伝え話し合うことこそが多様性を認め合うことにつながると考えて復活させるなど、ひとつひとつの保育実践において、移管後は民間法人の理念や考え方を反映させた内容へと変更されているケースが多数みられた。こうした違いを互いに理解したうえで、移管後も守るべき重要な保育の理念や内容を確実に引き継いでいくためにも、これまで公立保育所が保ってきた保育の質、公的保育の理念や内容がどのようなものであるかを明確化し、単に保育内容を引き継ぐだけでなく、なぜそのような内容の保育を行っているのか、十分な説明を付したうえで引き継いでいくことが不可欠であろう。そのためにも、公立保育所が守ってきた「公的な保育」とはどのようなものであるのか、その理念や考え方、それらを落とし込んだ具体的な保育内容を政策文書や移管条件、あるいは引き継ぎの書面などに明記し、確実に移管先に伝えて引き継いでいくことが望まれる。また、引き継ぎ期間においては、その公立保育所が行ってきた保育を一方的に引き継ぐだけではなく、移管・委託先の民間法人の理念や考え方も尊重しつつ、「公的な保育」とは何かについて、共通の認識をつくり上げながら進め

ていくことも重要なのではないだろうか。
　第二に、移管先の保育園では、「保育の公共性」は主に地域との関わりのなかに見出され、積極的な地域貢献活動や地域協働が公共性の高い保育の実践につながると認識されていた。一方で、特別な配慮が必要な家庭・子どもへの対応、セーフティネットとしての保育の質の保証などを、「保育の公共性」と捉える認識は比較的薄かった。もちろん、地域とのかかわりを強化して地域の子育てを支えていくことも公共性の高い保育所のあり方として不可欠なことであるが、それとあわせて、公立保育所がこれまで担ってきたセーフティネットとしての役割の重要性を、今後一層、移管先法人が引き継ぐべき保育の公共性として認識できるようなしくみが必要であると考える。そのためにも、法人の選定から移管後のアフターフォローに至るまでの全プロセスのなかで、「公的な保育とは何か」をより具体化・明文化し意識できるようにしていく必要があるのではないだろうか。

Ⅲ 民間保育園から見た事業継承の課題

　本章「Ⅲ」では、民営化の移管・委託を受けた民間保育園の職員へのインタビュー調査から、公立保育の引き継ぎや公共性の維持に関する課題について検討する。

1．引き継ぎをめぐる問題

(1) 引き継ぎをめぐる二つの問題

　民営化のプロセスにおいては、どのようにして「公的な保育」を引き継ぐかということが最も重要な問題である。特に、子どもや保護者に混乱を与えず、保育の質を低下させることのないように引き継ぎを行うことが求められる。しかし、前章「Ⅱ」のアンケート調査においても、移管・委託を受けた民間保育園が引き継ぎにおける困難さを感じていることが示されている。では、実際にどのような方法で引き継ぎが行われており、どこに問題が生じているのか、引き継ぎのプロセスはどうあるべきなのだろうか。これまでの研究では、こうしたプロセスのあり方については十分に検討されていない。最初の章「Ⅰ」でも触れた神戸市の裁判における共同保育を含む移管のプロセスの検討からは、移管前の保育所の措置、公募条件、共同保育、移管後のフォローアップのそれぞれが引き継ぎプロセスにおける重要な視点となると考えられる。

　もう一つ重要なことは、民営化された保育園が、どのようにして公共財としての役割を果たし続けるのかという問題である。公立時代から在籍していた園児や保護者が卒園した後も、公共財である公立の保育所の移管を受ける以上、当該民間保育園は「公的な保育」を引き継ぎ実施する必要がある。「Ⅱ」のアンケート調査の結果によると、移管・委託を受けた多くの民間保育園が特別な保育事業や地域貢献活動を積極的に行っていた。では、民間保育園はこうした「公的な保育」をどのように捉え、その公共性の維持と向上をどのように行っているのか。これについてもこれまで十分に検討されていない。

(2) 調査の目的と概要

　本章では、公立保育所の移管を受託した民間保育園の職員を対象としたイン

タビューデータを分析し、受託園から見た事業継承の課題を明らかにする。特に、公立保育を引き継ぐ側の民間保育園の職員が、公的な保育の継承についてどのように捉えているのか、引き継ぎのプロセスや移管後の公共性の維持・向上をどのように実施し、どのような点に課題を抱えているのかを明確にする。そして、それらを通して引き継ぎプロセスのあり方や公共性の維持・向上のための運営のあり方を検討する。

　以上の目的のために、2014年9月～12月に半構造化グループインタビューを行った。グループインタビューは合計3回行い、毎回異なる対象者（各回3名から5名）に対して、インタビューガイドをもとに1時間程度の時間をかけて行った。調査対象者は、公立保育所を移管された保育園（委託を含む）の理事長、園長、主任保育士などである。調査対象園は、大阪府下の保育園3ヵ所、兵庫県下の保育園1ヵ所であり、いずれも保育園を複数運営している社会福祉法人が移管後の運営主体となっている。また、移管後に第三者評価も受けており、移管後の保護者アンケートなどにおいても評判の良い保育園である。調査内容は、①移管条件について、②公立保育園の移管にあたって、③移管後の運営について、④公共性の継続について、⑤公共性を高める工夫、である。

　グループインタビュー時には、調査対象者の同意を得て、ICレコーダーで録音し、録音した内容をすべて書き起こし、逐語録を作成した。この逐語録を読みこみ、調査項目に該当する文書セグメント（意味のまとまりごとの分割）に整理した。抽出された文書セグメントは、意味内容の類似性に基づいて分類を行い、それをカテゴリーとし、図に整理して、内容の検討を行った。なお、人名や地名、所属園名、関係諸機関名などを伏せて対象者や関係者を特定できないようにする。

（3）分析結果の全体像

　インタビュー分析の結果、図3-1のように移管に至るまでの引き継ぎプロセスの実態と課題、移管後の実態と課題、公共性を高める取り組みと課題が明らかになった。以下では、分析結果を引き継ぎプロセスの問題、移管後の運営課題、公共性を高める取り組みの三つに分けて詳細に説明する。その際、カテゴリーは〈　〉で、実際の語りは「　」で示す。また、語りの引用データは読みやすくするために文脈を壊さない程度に修正し、一部（　）でデータを補足している。

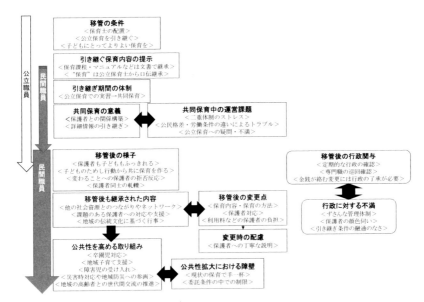

図3-1　移管を受けた民間職員から見た民営化における移管プロセスの実態と課題

2．引き継ぎプロセスの問題

　ここでは、インタビューの質的分析によって明らかになった引き継ぎプロセスの実態と問題点について述べる。

　引き継ぎプロセスにおいては、子どもや保護者の混乱を招かぬように、「公的保育」をスムーズに引き継ぐことが求められる。まず、移管の条件として〈保育士の配置〉が明確に定められている。さらに、保育の内容としては、行事なども含めて〈公立保育を引き継ぐ〉ことが示されている。その中でC市のみ〈子どもにとってよりよい保育を〉という視点での保育の変更が認められていた。引き継ぐ保育内容は事前の会議や実習、共同保育中に提示されるが、〈保育課程・マニュアルなどは文書で継承〉されるものの、〈"保育"は公立保育士から口伝継承〉であった。引き継ぎ期間の体制としては、〈公立保育での実習→共同保育〉が実施されていた。この共同保育の期間には、〈保護者との関係構築〉や〈詳細情報の引き継ぎ〉が行われ、この点では意義のあるものであるが、一方で〈二重体制のストレス〉や〈公民格差・労働条件の違いによるトラブル〉、〈公立保育への疑問・不満〉が噴出し、民間側からは共同保育のあり方への疑問が挙げ

られていた。
　以下では、それぞれのカテゴリーについて、語りを交えて説明する。

(1) 移管の条件

　移管の条件については、公募時に示されている。中でも明確に定められているものが〈保育士の配置〉である。たとえば、A市では「経験4年以上の保育士が3分の1」と定められており、これは移管後も常に守る必要がある。またC市では、「経験4年以上が6割以上で、そのうち10年以上が2割」と、A市より具体的に定められている。公立保育所は経験年数の長い保育士が多いため、民営化することで保育士が若年化し、保育の質が低下しないよう、経験年数の長い保育士の割合を定めていると考えられる。

　移管の条件の中に引き継ぐ保育の内容についても示されており、〈公立保育を引き継ぐ〉こととされている。基本的には公立保育の1日の流れや年間行事などの行事まですべてを引き継ぐことが条件である。ただ、「具体的なものは指示されていないです。具体的には。これまでのX保育所の保育を継承するというアバウトなものですね」と語られているように、その内容に関しては具体的に示されていない。

　それに対して、C市は〈子どもにとってよりよい保育を〉ということも移管の条件としていた。そのため、「大きく行事が変わるとか、行事の日にちが変わる場合も『保護者さんと話し合いの上で了解が得られれば結構です』ということでした」とあるように、基本的には公立保育をそのまま引き継ぐとしながらも、子どもにとってよりよい保育を追求していくことによる変更は許されていた。

(2) 引き継ぐ保育内容の提示

　引き継ぐ保育内容は2種類の方法で提示されている。一つは〈保育課程・マニュアルなどは文書で継承〉である。「安全管理マニュアルや、病気のときの対応、警報発令時の対応などのマニュアルはある」というように、マニュアル類は文書での引き継ぎが行われている。また、調理計画や年間保育課程など公立保育所が文書ですでに作成していたものも、その文書そのものが提示されている。

　しかし、〈"保育"は公立保育士から口伝継承〉であった。上述のように保育

課程などは文書で提示されているが、それは簡易なものであった。そのため、肝心の具体的な保育内容については、共同保育の中で実際に体験したり、公立保育士から口頭で伝えられたりすることを通して理解していくことになる。ある園では、「うちはもともと○○（同法人の別の保育園）の考え方を打ち込みたいけどそれは遠慮して、それまで（公立で）やってきたことを、口伝えとか見て継承していくという話だったよね。幼児（の保育）も１年間体験して、なんとなく『こういう狙いなのかなー』と」というように、文書で保育内容が提示されなかったために、民間の職員は共同保育の期間に口伝えや体験を通して「なんとなく」理解していた。

（3）引き継ぎ期間の体制

　引き継ぎのプロセスは、市によって、また移管年度によって少しずつ異なる。しかし、共通しているのは、〈公立保育での実習→共同保育〉を行うことである。つまり、移管後の職員予定者が移管前から実習という形態で公立保育に参加し、その後共同保育という形態で数ヵ月から１年にわたって公立と民間の職員がともに保育を行っていた。たとえば、C市では、移管の前年度の10月から朝夕の延長保育時間に民間の職員が順番に顔を出し、１月からは民間の職員が順番に日中の保育に参加、そして３月からはほぼ毎日保育に入るようにしていた。B市においては、「（受託した）法人の職員が半分、公務員の保育士が半分という中で１年間同居しながら引き継ぎをしていくシステム」とあるように、１年かけて引き継ぎが行われていた。また、A市では、前年度の10月から３月までの引き継ぎに加えて、正式に移管されたあとも移管前の所長と保育士数名が２ヵ月間その園に残り共同保育を行っていた。

（4）共同保育の意義

　上述のように引き継ぎの期間は様々であるが、どのケースでも公立保育を引き継ぐために共同で保育する期間が設けられていた。受託側の民間職員は、〈保護者との関係構築〉、〈詳細情報の引き継ぎ〉という点で、共同保育に意義を感じていた。
　〈保護者との関係構築〉は、移管前から保護者と顔をあわせたり、公立の職員が民間職員と保護者との橋渡しをしてくれたりすることで、少しずつ保護者との関係を作っていくことができるということである。ある対象者は「ここ（移

管時）の条件にもなっている通り、どれだけの日数研修を受けなくちゃいけないというのはあるんですが、それぞれ（の民間職員が）こちら（民営化する園）に来て、その中で、半年間でお母さんと絆もできるんですよ」と語っていた。また、貧困家庭の多い地域の園の対象者は、「（公立の職員には）もちろん保護者との間のクッション材になっていただいて（中略）対応の仕方も、今までのやり方もあるので、そこも一緒にさせてもらうことで勉強させてもらったので、それがなく、突然に保護者の支援をしなさいって言われたら、果たして納得いただける支援ができたのかというのがあるんですが、（共同保育の期間が）1年あることでそれが可能になったということと、保護者との橋渡しになっていただけた部分では1年間いい体験をさせていただきました」と語っている。

〈詳細情報の引き継ぎ〉は、実際にともに保育する中で文書には書ききれない子どもの背景なども伝え聞くことができる。ある対象者は「全くここの保育の流れがわからないので、私は正直（事前の）研修にあまり来られなかったので。教えてもらえる期間もあるし、子どもたちの特徴もつかみきれていないところは横のつながりで、隣のクラス、5歳の先生、3歳の先生の公立の先生に色々教えてもらって。暴風警報が出た時も、（保護者に）電話しなさいって言われるんですが、ここの緊急連絡って1番どこ、2番どこって書いていないんです。だからそれもわからないし、『先生、その家はおばあちゃんの方がいいで』とか。そんなことさっぱり知らないしね。そういう情報とか、家庭のこととかわからないので」と語っていた。つまり、文書には示されていない子どもの特徴や家庭背景などの詳細な情報は、共同保育中に公立の保育士から伝え聞くことによって引き継がれていたといえる。

(5) 共同保育中の運営課題

一方で、共同保育中には課題が多かったことも語られた。まず大きな課題となっていたのが、〈二重体制のストレス〉である。特に公立の所長と民間の園長の2人が同時期に園に存在することで、保護者も職員もどちらにも気をつかい、指示体制がはっきりしないことで問題が大きくなることがあった。「結局、何が弊害かというと、保護者がどっちを向いていいかわからない。保護者にすごく気を遣う期間なんです。うちの方は（公立の所長が）たまにしかこない。たまに来た時に保護者が（公立の職員に）気を遣っているのがすごくわかる。こっちはこっちで、保護者が向こう（公立）の園長と話してたりしたら、『あ

れ何言ってるの？』と疑心暗鬼になる。すごく嫌な期間」と受託園の園長は語っていた。このことから引き継ぎにおいて公立の職員が残る場合には、その存在が逆に保護者との関係構築の弊害になる可能性があるといえる。また、共同保育終了後に公立の所長だけが残っていたケースでは、「(受託側の理事長が公立の所長に)『色々と指摘すべきことがあったらちゃんと言ってくれ』と言ったんですよ。すると『法人の職員に対してはそれはできない』と言うんです。だから何のための継承の手続きで残ったのか。我々としては疑問でした」と語っている。公立の職員が残る場合には、よりよい引き継ぎとするためにその役割を明確にすることも重要であろう。

　また、〈公民格差・労働条件の違いによるトラブル〉も見られた。これは、公立の職員と民間の職員の労働時間などの条件が異なるために、両者の間で争いが起こることである。「結局、労働条件なんです。シフトのことなんです。でも同じ職場ですからシフトも同じように組むでしょう。早出もあれば遅出もあれば中出もあれば。でも民間は8時45分から17時半で終わりなんです。公立の先生方は9時出勤の5時終わりなんです。あの人たち(公立の職員)の有給をカバーするようために入っているような感じやね」という語りがあるように、公立の職員は9時から17時までという勤務体制であったが、民間雇用の職員はシフト制で早出や遅出もある。公立職員は有給休暇も保障されており、そうした労働条件を確保するために民間職員が休みを削ってフォローをするということもあり、こうした両者の労働条件の違いで争いが起こることがあった。

　さらに、〈公立保育への疑問・不満〉が共同保育中に大きくなっていた。これは、公立の保育士が行っている保育が、一人ひとりで異なるために、引き継ぐべき公立保育が統一されておらず、引き継ぎにくいことから起こる。「組織だってないというか、クラスや先生方によって、教えていただくことも全然違うんです。方法が。それが一番戸惑いました。(中略)行事の進め方もそうですし、たとえば子どもへの介助のあり方も、子どもについての引き継ぎは受けていますが、先生ごとに視点が違うということもあります。家庭環境などをおっしゃってくださるんですが、ご兄弟でクラスが違うと、言う先生が違いますね。するとご兄弟で多分家庭環境は同じはずですが、違うように聞いていたり、ということもありました」という語りがある。先述したように、引き継ぐべき公的な保育の内容は文書などに言語化されていない。そのため、共同保育の過程で保育内容や子どもの詳細な情報などが口頭伝承されるが、それらは公立の保

育士一人ひとりで異なるため、移管を受けた民間園からすると、引き継ぐべき保育の内容がよくわからないのである。共同保育期間中に公立の保育士から個別に説明を受けても、保育士ごとに保育の考えや方法が違っており、保育の質をマネジメントする立場からみると、つじつまが合わない場合もあるという。確かに、公立の保育士一人ひとりがクラスごとに工夫している保育内容を引き継ぐのは難しいと思われる。また、この公立保育士の個々に異なる保育が引き継ぐべき「公的保育」なのかという疑問もある。

また、公立保育自体に疑問を抱き、それを引き継ぐことに不満を持っていたことも語られた。たとえば、「運動会ひとつとっても。こういうベストなやり方があるんじゃないかとか。0・1・2歳は、出番が終わったら部屋に帰っちゃうんです。『来て、見て、遊ぼう運動会』っていうテーマを持っているなら、0歳の保護者も子どもも、みんな一緒に運動会するのが本当じゃないだろうかっていう話をしたら（公立の職員からは）『今まで通りにしてもらわないと困ります』って（言われた）」という語りがあった。このように、保育の方法に関して民間保育士が疑問を抱き意見を述べても、「今まで通り」を引き継ぐことが優先されるために、よりよい保育の検討ができていなかった。

(6) 引き継ぎプロセスの課題

以上の結果から、引き継ぎプロセスにおける課題は以下の3点であると考える。

第一に、公立の保育をそのまま引き継ぐことが移管の条件とされており、この条件が柔軟性に欠けることである。もちろん民営化以前から在籍している子どもたちや保護者にとっては、慣れ親しんだ保育が突然変わることは望ましいことではない。しかし、民間職員は公立職員がやってきたことをそのままなぞってまねるだけでよいのだろうか。先述の通り、民間職員が公立の保育に疑問を感じることは少なくない。そのような疑問を持ったまま、ただ形だけを真似することは子どもにとってもよい保育とは言えないだろう。むしろ、子どもの最善の利益を考えた上で、民営化を通じて公民共同でよりよい保育を作り上げていくことこそが重要ではないだろうか。

第二に、そもそも継承すべきとされている「公的保育」そのものが個々の公立保育士の経験知・暗黙知の総体となっていることである。そのため、民間職員からみると、公的保育の内容が共同保育に関わる保育士ごとにバラバラで、

統一感のある「公的保育」としての継承は難しい。どの保育を引き継げばいいのかが明確でなければ、民間職員が混乱し、真の意味での「公的保育」の引き継ぎができないだろう。

第三に、公立職員と民間職員が対等に協議する場がつくられていないことである。現状の共同保育では、民間職員が公的保育に疑問や不満を持ったままであり、よりよい保育にするための協働作業が両者の間で成立していない。むしろ労働条件の違いや二重体制によって公立職員と民間職員が敵対関係となり、共同保育の期間にお互いがストレスを高め合ってしまっている。先に指摘したように、民営化を通じてよりよい保育を作り上げていくためには、共同保育の期間を公立職員と民間職員の両者が保育についての知識や技術を出し合って「公共性の高い保育」について協議する期間とすべきだろう。ただ、この「公共性の高い保育」やよりよい保育をどう捉えるかということ自体に公立職員と民間職員で意見が異なる可能性がある。それを踏まえると民営化の過程だけではなく、常に継続して公民協働で「よりよい保育」を考える機会が必要であろう。

3．移管後の運営課題

ここでは、インタビューの質的分析によって明らかになった移管後の運営課題について述べる。

移管後の様子としては、〈保護者も子どももふっきれる〉という印象を民間職員は持っていた。ただし、〈子どものためし行動から共に保育を作る〉必要があったケースや〈変わることへの保護者の拒否反応〉や〈保護者同士の軋轢〉といった保護者とのトラブルがあったケースもあり、子どもや保護者に対する丁寧な対応が求められる。移管後には、公立時代の〈他の社会資源とのつながりやネットワーク〉、〈課題のある保護者への対応や支援〉、〈地域の伝統文化に基づく行事〉は引き継いでいたが、〈保育内容・保育の方法〉、〈保護者対応〉、〈利用料などの保護者の負担〉については適宜変更を加えていた。ただし、変更する際には、〈保護者への丁寧な説明〉を行い、保護者の理解を得られるよう配慮していた。また、移管後にも〈定期的な行政の確認〉、〈専門職の巡回確認〉があり、〈金銭が絡む変更には行政の了承が必要〉であった。こうした民営化のプロセス全体を通じて、民間職員は行政の〈ずさんな管理体制〉、〈保護者の顔色伺い〉、〈引き継ぎ条件の融通のなさ〉に対して不満をもっていた。

以下では、それぞれのカテゴリーについて、語りを交えて説明する。

(1) 移管後の様子

共同保育が終了し、完全に公立の職員がいなくなると〈保護者も子どももふっきれる〉という印象を持っていた。「(公立の先生がいなくなって子どもたちが寂しがるとかもないですか。)それは残念ながら全然ないです。100%ないですよ、民営化で。保護者さんもあっさりしています。もうそっちにおっても仕方ないと思ったらサッと」とあるように、保護者も子どもも公立の職員がいなくなると、すぐに民間の職員に慣れて、あっさりとふっきれている様子であったことが語られた。民間側の語りであるため、子どもや保護者が民間の職員には不安を表していないだけということも考えられるが、丁寧な保育を行うことで、移管後も問題なく保育を行うことができると考えられる。

一方で、子どもや保護者に関してトラブルがあったことも語られた。それが、〈子どものためし行動から共に保育を作る〉、〈変わることへの保護者の拒否反応〉、〈保護者同士の軋轢〉である。

子どものためし行動があったケースでは、〈子どものためし行動から共に保育を作る〉努力をしていた。「私も子どもたちに聞いてました。『この後、これどうしたらいいの？』って。『いつもどうしてるの？』って。頼りになる子が何人かいたので。(公立の)先生にも色々聞きますけど、これはどうしてこうなっているのかとか『いつもしてるようにしてみて』って。そしたら子どもたちがするので、じゃあそうしましょうって。そのへんも子どもたちと一緒に作っていった感じですね」とあるように、民間の職員は子どもたちにこれまでどうしてきたのかを確認しながら保育を行うことで、結果的には子どもたちと一緒に保育を作ることができたというポジティブな評価をしていた。このようなケースもあることから、移管を受ける民間の保育士には、子どもたちの様々な状態に適切に対応できる力量が必要であるといえる。

保護者に関して起きるトラブルは二つ挙げられた。一つは、〈変わることへの保護者の拒否反応〉である。これは、保育内容の変化ではなく、物の置き場所など目に見える変化に対して保護者が反応し、それに対してクレームが出ることである。「たとえば持ち物の変更とか収納場所の変更とかカバンをかける場所とか、持ち物の保管場所の明記の仕方とか、職員体制、絵画の飾り方とか連絡帳の変更とか。目に見えて分かる変わったことを４月の運営委員会ですご

く（保護者から）指摘を受けましたね」という語りがある。このような保護者からの意見を受けて、特に目に見える部分はできるだけ慣れ親しんだ形を踏襲するように工夫していた。

　二つ目は、〈保護者同士の軋轢〉である。公立を希望して入所した民営化以前の保護者と、民間だからと希望して入所した保護者との間で意見が異なり、保護者同士でもトラブルになることがあった。「保育の内容については、どちらの保護者からもクレームはほとんどありませんでした。重度の障害児も引き継いでおりますし、アレルギー児の対応も今まで以上にやりましたから、保育内容について『こんなことやってくれない』とか『前はこうだったのに』というようなことは全然なかったんです。ただ、保護者会の運営や保護者会の行事に対して、公立の保護者会は毎月あったんです。だから『もう少し回数を減らして』ということだったり、保護者会だよりを作ったり、記念品のアルバムつくりも保護者会がやっているんですが、そういう保護者会の作業を見直してほしいと（いう意見が民営化されてから入園した保護者から出た）」という語りがあるように、保育内容以外の部分で保護者間の関係調整が必要になっていた。

(2) 移管後も継承された内容

　移管後も継承されたものは、〈他の社会資源とのつながりやネットワーク〉、〈課題のある保護者への対応や支援〉、〈地域の伝統文化に基づく行事〉の三つである。

　一つ目の〈他の社会資源とのつながりやネットワーク〉には、要保護児童対策協議会や地域の保育園・幼稚園・小学校とのネットワーク、児童委員や民生委員との集まりや地域の行事など、地域とのつながりが含まれる。「幼稚園と小学校と公立保育所で集まって年に2回、児童委員や民生委員も集まって野菜の収穫体験とか、田植えや収穫とか、そういうのを（公立時代には）やってくださっていた。連絡係とか橋渡しとか。（それをいまは引き継いでいる？）はい」とあるように、公立時代から地域のネットワークの中心的役割を担っていた保育園では、移管後もその役割を継続して担っていた。

　二つ目は〈課題のある保護者への対応や支援〉である。特に課題のある保護者が多い園では、自宅まで送迎が必要な親子もおり、そうした場合には公立園の対応方法を引き継ぎ、子どもの送迎を行うなど、通常の保育を超えた個別対応を行っているケースもあった。貧困家庭の多い地域の園を受託した園長は、

「保護者支援という部分では、地域柄もあるけど、今までやってたことを引き継いで。最初は、本当に毎日のように送迎に行かれている○○先生（公立時代の所長）とか、毎日のように各家庭を回ってはるのを見た時、ものすごく、ここの子たち（保育園に来ている子どもたち）を守るのも所長の仕事なのに……。（中略）そんなのもすごく私にすれば違うと思う部分もあったけど、今は『じゃあちょっと迎えに行ってくるわ』って。『ちょっとあのお母さんとお話してくるわ』ということにもなりますので」と語っている。このように、はじめは保護者支援の方法に疑問を感じていても、共同保育を通じてその必要性を理解し、継承するようになっていた。

　三つ目は、〈地域の伝統文化に基づく行事〉である。地域特有の伝統文化や行事などがあった園では、これまでなされてきたものを引き継いで実施していた。ある保育士は「（運動会でも）エイサーをずっと5歳児が踊ってて。私が5歳を担当した時に、なぜエイサーをしないといけないのかと思って。沖縄＝エイサーなのか。実のところ、私は『よさこい』をしたかったんですよ。よさこいでかっこよく決めたら、あの子ら、かっこいいやろなーって。会議でもかなり言ったんですが、私もエイサーの研修に行った途端『エイサーもありかな』って（笑）。結果的には続けていますが、子どもたちの中では、5歳になったらエイサーをすることに憧れを持っているところもあるし、地域柄か、パーランク（エイサーで使う楽器）も用意しているし、衣装も30枚揃っているし、地域のことを汲んでいくことも公立を引き継ぐうえであるのかなと」と語っていた。このように、その保育園やその地域に根付いた伝統的なものを継承していくことが、公立保育の継承の一つであると捉えている。ただ、公立のやり方をそのまま継承するのではなく、民間の保育士が納得する形で一部変更している場合もあった。

(3) 移管後の変更点

　民間保育園では、公立保育所によって培われた保育を基本的に継承しながらも、必要に応じて変更を加えていた。変更を加えたものは、〈保育内容・保育の方法〉、〈保護者対応〉、〈利用料などの保護者の負担〉の三つである。これらの変更に関しては、行政側も保護者から苦情がなく保育の質の向上がみてとれる場合には黙認していた。

　まず〈保育内容・保育の方法〉に関しては、先述のように公立保育に対して

不満や疑問を感じていたことから、民間職員で協議を重ね、保育内容や保育方法を一部変更していた。「(基本の行事は)そのままです。種類も回数も。ただ遠足の形態は変えた。0歳から5歳まで全部一緒だったんですよ。赤ちゃんはこんなんだし、5歳は遊びたいし、どこをまとめて連れて行くねん、と。それも考えられないでしょう。発達の状況や体力に応じて対応すべきじゃないですか」と語られているように、そのまま引き継ぐこととされていた行事も子どもの発達などを考慮して形態を変えるなどの工夫を行っていた。

〈保護者対応〉は、園長が中心になってすばやく行う体制をとるようにしたり、保護者の意見を積極的に聞いて、保護者との連携を強めたり、保護者の苦情を恐れて何も言わないのではなく、保育者として必要だと思うことは保護者にはっきりと伝えるようにしたりと、民間の強みを生かして変えていた。その結果、保護者とのトラブルがなくなったり、保護者自身も保育園に協力的な姿勢を見せるようになったと民間の職員は感じていた。「(移管後、保護者からの訴えは)減ったのもありますが、同じように言ってくることもあります。ただその対応を早くしました。(公立がやっていた対応との違いは)わけもわからず謝ることはやめました。どこでも、公立よりも民間のほうが危機管理は速いと言われます。いちいち稟議を通さなくても園長がそこにいて権限がありますから、よほどの事がない限り、すぐ判断できるけど、公立は聞かないと動けないので結構時間かかると聞きますね。ケガの対応でも」とあるように、危機管理も園長の権限で対応できるようになったことから、保護者への対応も迅速にできるようになったと述べている。

さらに、〈利用料などの保護者の負担〉もむしろ軽くなるように変更していた。「費用負担ですが、(行政からは)参考として提示されました。(中略)参考ということでしたが、ほぼこれに近い形でやってね、という指示でしたが、結果的にうちは帽子代もいただいておりませんで、スポーツ振興センターの掛金も、私どもは保護者負担をいただいていない状況でしたし、主食代もこれより安い。なので公立時代より安くなりました」と語られるように、民営化で保護者の金銭的な負担が減るケースもあった。

(4) 変更時の配慮

上述のような変更を行う際には、〈保護者への丁寧な説明〉が重要である。民間の職員は、勝手に変更するのではなく、必ず保護者一人ひとりに丁寧に説

明を行い、保護者の理解を得たうえで変更するという配慮を欠かさずに行っていた。たとえば、ある園では、英語の時間や運動遊びのプログラムなどを導入しているが、導入前には「(保護者) 一人ひとりです。全部一人ひとりに話します。お迎えの時間とか、お母さんが時間ある時、あとは年度が替わる時は変更点がいろいろあるので、保護者懇談に担任と一緒に (園長が) 入って、実はこういうことがありますが、ご了解いただけますか、どう思われますか、と一人ひとりにうかがってます」とあるように、一人ひとりの保護者に丁寧に説明を行ったうえで同意を得ている。さらに、導入後も参観等でこうした活動に一緒に参加してもらい、活動の意図や意義を理解してもらいやすいように努めていた。

(5) 移管後の行政関与

　移管後も〈定期的な行政の確認〉は継続して行われていた。「(公立職員が) 引いてからの１年は、前年と同様、月に１回の巡回の先生がB市から来られて『何を保護者に配りましたか』とか『問題はありませんか』とか、報告と人数とか運営のあり方を聞き取って帰っていかれました」というように、行政職員からの確認の多くはトラブル (特に保護者とのトラブル) の有無の確認であり、保育内容の継承については確認されていない。

　また、看護師、栄養士といった〈専門職の巡回確認〉がある市もあった。受託園では看護師を雇用していないため、「ナースから情報提供があって『今こんなのが流行ってるから、こんな対応したらいいよ』とか『こんなおたよりあるから使って』とか『就学前に、子どもたちに視力検査の方法やっといた方がいいよ』とか、その方法や、教えてほしいと言うと教えてくれるので、そこはありがたかったです」とあるように、看護師の巡回で保健関係の情報や助言を得られるという点で、ポジティブに捉えていた。

　ただし、〈金銭が絡む変更には行政の了承が必要〉である。「必ず (役所の) 了承がいるのはお金の面。(公立は) 保護者負担がほとんどないんですね。帳面に関しても、親が購入しない。でも私らにしたら、なんで毎日使うシールノート、出席帳まで値段的には安いですが、今後ずーっとこっちが負担しないといけないのかな、という疑問があったので、一度 (行政担当者に) おたずねしたんです。(中略) でも『負担が大きくなると保護者から不満が出るからやめといた方がいいですよ』と言われてやめたんですが、(中略) そのへんの購入の

ことB市からはちょくちょく言われたりします」とあるように、保育内容の詳細な変更点は確認されないが、保護者に金銭的な負担がかかるような変更をする場合には、行政に確認する必要があった。ただし、金銭の負担につながるものは保護者からの苦情につながるということもあり、変更は認められにくい。

(6) 行政に対する不満

民営化の受託という過程の中で、行政に対する不満もあがっていた。それが〈ずさんな管理体制〉、〈保護者の顔色伺い〉、〈引き継ぎ条件の融通のなさ〉である。

〈ずさんな管理体制〉の例として、B市の保育園では、火災報知器が壊れたまま放置されていた。それについて「B市はチェックにきたけどそのままなんです。とりあえず市役所に言って。（市が）金出さないなら、放っておくわけにはいかんから、急いで直さないといけないという話をしているんですが。（中略）ただ、財産は役所のものですから。その扱いが難しいんです。まだ備品類はいいんですが、建物をさわることになると、役所の財産に民間が勝手に手を入れられないでしょう」と述べている。この保育園は運営委託という形態での民営化であるため、建物に対しての補修などを法人だけの判断で行えず、こうした状況でもすぐに対応することができない。

また、行政が保護者の意見に過剰に反応しすぎており、保護者の顔色を伺いながらの管理になっているという〈保護者の顔色伺い〉の状況を指摘している。「（行政は）第三者的な立場での対応であってほしい。保護者の言うがままに保育園に要求するのはやめてほしい、冷静な反応をしてほしい」という意見があった。

さらに、〈引き継ぎ条件の融通のなさ〉も挙げられる。これは、引き継ぎ条件に関しては、「公立と同じように」「今までのように」という移管条件の縛りが厳しい市があり、その場合よりよい保育に変えていくことができないということである。「行事内容まですべて同様にしなくてはいけない、というのは納得いきませんが『内容についてはよりよいものをと努めることにより、若干の変化はあるでしょう。それぐらいの変更は認めていただきたい』ということです。『公立と同じように、という縛りが、現場の前向きな姿勢に対して常に邪魔していた感がある』と（いう意見が現場の職員からは出ていた）」とあるように、よりよいものを求めていこうとしても、保育内容そのままを引き継ぐと

いう条件からそれが難しい状況が語られた。

(7) 移管後の運営課題

以上のことからわかるように、公立保育所が支えてきた「公的保育」は、移管後の保育において部分的にしか継承されておらず、多くの場合は移管後に保育内容を変更している。これに対して行政側も、移管に当たっては「公立の保育を引き継ぐ」ことを受託園に求めるが、移管後の「公的保育の変容」については、保護者から反対されない限り、容認しているように思われる。これらのことから、移管のプロセスを検証すると「公立の保育を引き継ぐ」ことの狙いは、「公的保育」の継承にはなく、「公立を選択した保護者や子どもに配慮し、戸惑いや不安を与えないスムーズな移管」にあるように推察される。しかし、民間職員の指摘にあったように、行政は〈保護者の顔色伺い〉をするのではなく、公立と民間の間をつなぎ、場を用意して、公立・民間・行政が共によりよい保育のあり方を模索していくべきではないだろうか。そうした視点で考えるならば、「公立と同じように」保育をすることばかりを求めるのではなく、移管の段階から子どもや保護者の思いを大事にしながらも、積極的によりよい保育を追求していくことを条件とすべきだろう。

一方で、公立保育の中で培われてきた〈他の社会資源とのつながりやネットワーク〉、〈課題のある保護者への対応や支援〉、〈地域の伝統文化に基づく行事〉は民営化されても引き継ぐべきものであるという意識が民間の職員にもあった。このことから、これらは「公的保育」の象徴でもあると考えられる。これらを公立の職員も意識し、関連する保育技術を整理することで、よりよい形で継承できるのではないだろうか。移管する自治体の側にも、「公的保育」の財産ともいえるこうした専門性が要求される保育内容が確実に継承される仕組みと体制の構築が望まれる。

4．公共性の維持・向上

ここでは、インタビューの質的分析によって明らかになった公共性を高める取り組みについて述べる。民営化受託園では、公共性を高めるために新たに〈卒園児対応〉、〈地域子育て支援〉、〈障害児の受け入れ〉、〈災害時対応や地域防災への参画〉、〈地域の高齢者との世代間交流の推進〉を意識して行っていた。し

かし、〈現状の保育で手一杯〉であったり、〈委託条件の中での制限〉があったりすることで、自由に活動を広げていけないという課題も見られた。
　以下では、それぞれのカテゴリーについて、語りを交えて説明する。

(1) 移管後の公共性を高める取り組み

　受託園が公共性を高めるために行っていたのは、〈卒園児対応〉、〈地域子育て支援〉、〈障害児の受け入れ〉、〈災害時対応や地域防災への参画〉、〈地域の高齢者との世代間交流の推進〉の五つである。

　〈卒園児対応〉として、受託園は移管後に卒園した児童とのつながりを続けており、むしろ公立時代には実施していなかった学童保育を始めた園もあった。「『移管がきっかけとなり、指定管理者となった地域の児童館で学童保育などの関わりによって切れ目なく関わることができるようになった』(という職員の意見があった)。この近くの児童館の指定管理者になったので、切れ目なく。保育園の職員を異動させて向こうで館長をしています。だから顔なじみの人を受けている状況で、この4月から大きな問題もなくスタートできています」というように、新たな地域活動を始めているケースもあった。

　二つ目に、〈地域子育て支援〉があげられる。公立時代も所定開放をしていたが、移管後はより積極的に園庭開放などに参加している親の悩みを聞くような声かけを行い、親同士が話し合う機会を持つなど、内容を見直していた。その結果、公立時代よりも参加者が増えたという語りもあった。また、「民生委員さんから『あそこ（の地域に子育て）サークル立ち上げたらいいよね』という話を聞いて『何人かやろうとする方はいらっしゃるけど、手伝わないと立ち上がらないわ』という話を聞いたんです。一番近くの保育所さんに行かれたらしいんですが『うちは結構です』って言われたということで『○○（こちらの保育園）さんはどう？』ということで、『ちょっと離れているけど行きます』と言って行かせてもらっています。設備とか遊び場とか、今度は栄養士を連れて行って調理体験ができるような素晴らしい施設がマンション内にありますので、そこでどんどんさせていただきたい」という語りにあるように、子育てサークルの立ち上げ支援や、子育て支援に関わるサークルとの連携なども視野にいれている園もあった。

　三つ目は〈障害児の受け入れ〉である。受託園では、障害児を積極的に受け入れたいと考えていた。特に、施設の建て替えを行っている場合には、公立園

よりむしろバリアフリー化が進み、障害児を受け入れやすい環境になっており、それを強みとして重度の障害児の受け入れも積極的に考えていた。実際に重度の肢体不自由児を受け入れていた園の職員は、「民間だったら重度の肢体不自由児は来ないことが多いじゃないですか。そうではなくて施設も新しくなってより使いやすくなったし、水道ひとつにしてもユニバーサルデザインになっていますし、以前の公立のときより使いやすくて利用しやすいというところで、きちんとそういう子どもさんも保育していきたいと思いますし」と語っていた。

　四つ目は、〈災害時対応や地域防災への参画〉である。「地域とつながる保育園でなくてはならないと思うし、万一大きな震災が起きた時に、ここは耐震もしっかりしてるし、福祉避難所にはなってないけど、やはり地域の人が求めた時は私(園長)の裁量になりますが、受け入れることも視野に入れないといけないと思いますし」と述べているように、地域に開かれた園であるためにも、災害時の避難所としても利用できるようにしたいと考えていた。

　五つ目は、〈地域の高齢者との世代間交流の推進〉である。多くの園が地域の高齢者との定期的な交流を行っており、公立時代よりも交流の機会を増やした園もあった。「以前は老人センターから夏祭りのお誘いなどがいっぱい来たんですが、この日は民間委託すぐというのもあったんですが、(公立時代の)所長が『運動会前だし無理』といってお断りしてたんです。(中略)でも、今年度私(が園長)になってから、主任が年長さん(の担任)になったので、年間でスケジュールがわかったら段取りが組めるよねって話して。やっぱり、おじいちゃん、おばあちゃん楽しみにしてるんですね。年間で向こうもお知らせしてくれているから、そこまでに運動会の段取りがつけられるように持っていこうと。子どもたちも、運動会の練習ばっかりじゃなくて、その方が気分転換になるんですね。だから今年度は年4回、全部に参加しています」という語りがあった。このようにこれまで断っていた交流の機会も、保育のスケジュールを調整しながらより積極的に実施していく姿勢が見られた。

(2) 公共性拡大における障壁

　上記のように公共性を高める取り組みを行う一方で、民間に移管したことで生じる障壁もある。一つは、〈現状の保育で手一杯〉ということである。これは、積極的に公共性の拡大を図りたくても、現実には職員数の問題などから人手に余裕がなく、実施するのが難しいことである。「(地域の子どもたちの貧困問題

の支援などは）現実的には時間的に難しいですね。みんな（在園児の支援などに）張りついてますから、一過性のものはいいけど、入り込んで貧困の問題をどこかにつなぐとかなると、ちょっと難しいと思います。それだけの知識や人間関係をつくるとなると」と語られているように、地域の子育て支援にさらに手を広げたいと感じていても、まず目の前の在園児とその子育て支援で手一杯という状況もある。

　もう一つは、〈委託条件の中での制限〉である。「学童保育って本当にいいと思う。自分たちのもとで育った子どもの姿が見えるから。でも移管でないとできない。他市でもダメって言われました。親には学童やってほしいと言われるけど」と語っているように、学童保育も保育園の中で行いたいと考えても、委託という形態で民営化をしている園では、施設の使用許可を得にくく、自由に活動を広げていくことは難しい。

(3) 公共性の維持・向上における課題

　インタビューした保育園では、社会福祉法人として事業の公共性を高めるため、移管後も社会的役割を自覚し保育園経営にあたっていた。その中で、公立保育所が担ってきた公共性については、移管によって「公的保育＝自治体が設置する公立保育所において保育士が公務員として保育所保育にあたる」から「公的保育＝地域とのつながりや地域への貢献」に構造が転換していることが認められる。それによって、公立時代よりも幅広く地域活動を行うようになっている側面もあった。

　しかし、こうした社会的役割に関しては、移管の条件の中に明確に記されていない。移管の条件の中に、「公的保育を引き継ぐ」ことと抽象的に示すだけではなく、移管後も公立保育所と連携をとりながら公共性の高い保育園の経営をめざす責任があるということを明確に位置づけるべきであろう。すなわち、移管後も公立保育所とつながり、準公的な役割を担う「新たな公」として民営化受託園を位置づけ、公民協働し保育の質を高めるパートナーをつくる仕組みが必要である。

Ⅳ 公立保育所の民営化の課題
－公共性の継承を中心として－

　公立保育所の民営化をめぐる議論としては、「公立保育所の運営費削減を掲げるコスト論」対「在園している子どもの育ちへの配慮」が主たる論点となっていた。移管する自治体側は、民営化を進める理由として、運営にかかる経費の削減および待機児童の解消を含む子育て支援に関連する事業の拡充をあげ、保護者など民営化に反対する側は、在園児がいる公立保育所の廃止について、慣れ親しんだ子どもの育ちの環境が奪われ、保護者の保育所選択権を不当に侵害するものであることを理由に反対してきた。こうした議論が始まり10年以上が経過するが、既に公立保育所の民間移管は一般化し、民営化をめぐる裁判所の考えも固まってきている。民営化を進める自治体も、これまでの裁判の判決内容を踏まえ、丁寧な保護者説明・意見聴取を行い、十分な引き継ぎおよび共同保育を行う期間を確保するなどしている。このような状況を踏まえると、引き続き民営化による在園児の育ちに重大な影響が生じないように配慮しつつも、さらに公共性の継承という立場からも、移管のルールや移管後のあり方について、検討が深められなければならないように思われる。

1. セーフティネットの継承

　民営化にあたって、公共性の継承がなぜ論点とされるべきなのか。多くの民間保育園は、当時の在園児がすべて卒園すれば自由に経営できるものと考えているに違いない。しかし、公共財を継承した法人としての社会的役割が問われるのではないだろうか。地域には様々な福祉ニーズをもち支援が必要な家庭において育てられる子どもたちがいる。離婚率は上昇し、一人親の家庭も増えている。子どもの貧困など、子どもが養育される家庭環境も益々複雑となっている。家庭環境にハンディを抱える子どもたちを含む、すべての子どもに公平で質の高い保育を提供する保育園が、地域には必要である。公立保育所は、地域において社会的に支援を必要とする子どもたちを支えるセーフティネットとしての役割を担ってきた。移管を受ける保育園には、民営化された当時に在園した子どもが就学した後も、引き続きこのような公的保育を展開する役割を担うことが望まれる。

Ⅳ 公立保育所の民営化の課題 —公共性の継承を中心として— 51

　地域から公立保育所がなくなることによって、地域の子どもの育ちを支えるセーフティネットが綻びることがあってはならない。民営化時に在園している子どもたちの最善利益にとどまらず、これから生まれる子どもたちを含め地域の子どもたちの最善利益を考慮し、地域において公共性の高い保育所を維持するという観点から、民営化のあり方および事業者の選定基準が検討されるべきであると考える。

2．事業者選定の考え方

　公的なセーフティネットとしての役割についていえば、既に民間保育園においても、一人親の子どもや虐待リスクのある子どもを受け入れている。また、障害児保育にも取り組んでいるところは多い。移管先法人の選定においては、こうした面で実績のある法人を選定することが望まれる。そのためにも、特別な配慮や支援が必要な子ども・保護者を受け入れ、どのような保育や保護者支援をするかについて重点的に評価し、事業者の選定がされるべきであろう。しかも、公立保育所がこの分野で積み上げてきた対応困難事例に対応できる専門的な見識や方法を確実に継承できる法人である必要がある。

　民間保育園の経営主体には、社会福祉法人もあれば、学校法人、宗教法人、民間企業も存在する。社会福祉法人であれ、あるいは民間企業であれ、利益確保を優先し規模拡大を経営戦略とする経営主体においては、セーフティネットとしての公的な役割の継承は難しいのではないだろうか。採算性や事業効率を理由に、費用の支払い能力に不安がある家庭、特別に配慮や支援を必要とする家庭や子どもなど、プラスアルファーの労力やコストが求められる家庭を受け入れないことが考えられるからである。公立保育所に在園している子どもについては、こうしたケースであっても、移管後も引き続き受け入れるとしても、在園児が卒園した後はこうした家庭や子どもは排除されるのではないかと危惧される。

　自治体による移管の方針をみても、移管後の民間保育園にどのような役割を求めるのかは、必ずしも明確にされていない。移管後の経営に公共性の継承を求めるのであれば、移管条件を見直し、公的な役割を引き続き担うことを明確にする必要があろう。その上で、法人経営の理念・使命として特別な支援ニーズをもつ家庭をも積極的に受け入れる保育園経営の実績のある法人を選定する

ことが大切である。

　保育園を考える親の会が取りまとめた「子どもたちのために民間委託・民営化に求められる最低条件10か条」においても、「保育園の公共性を維持」することを条件の一つにあげている。ここで興味深いことは、在園している子どもたちの利益にとどまらず、「公立保育園を引き継ぐ以上、地域の子育て支援事業、特別な配慮を要する子どもの保育など、経営的な効率が悪くても社会が必要としている事業を率先して行うような公共性を維持できる民間事業者が選ばれる必要がある」と述べている点である。公立保育所の民営化においては、こうした公共性を継承できる事業者が選定されるべきとの考えには、賛成である。公立保育所が担ってきた公としての役割が継承されるような民営化のあり方が検討されるべきと考える。

3．公的保育の引き継ぎ・共同保育の在り方

　公的保育の引き継ぎ・共同保育とは、いったい誰のために、どのような目的で、行われるべきかについても、あらためて検討される必要がある。これまでは、在園児および保護者のために、子どもの育ちに配慮し従来の保育内容をそのまま引き継ぐことが目的とされていた。共同保育においても、移管先保育園の保育士が公立保育所において実習し、公立保育所の保育内容に学び、移管後の保育において再現することをねらいとしている。さらには、共同保育を通じて、保護者との信頼関係を構築する意義も認められる。移管後も、従来の保育が引き継がれているか、保護者は移管後の保育に不安を感じていないかなど、元の所長による巡回確認、フォローアップをしている自治体もある。

　しかし、移管によって新たな施設整備がされるなど、保育の環境が大きく変わる事例もある。子どもに関わる保育士も、移管先の民間保育園によって雇用されている保育士に変更されている。移管後の保育が従前の保育と基本的に同じものということはありえない。むしろ、移管に当たっての問題は、保育の質を下げないこと、言い換えれば民営化による保育環境が、子どもに不安を与えるなど、子どもの育ちに対して著しい不利益を与えるものとならないように配慮することにある。調査からも明らかなように、移管後に保育内容の一部を変更している事例も少なくないが、保育内容の不利益変更に当たらないとしても、保護者に変更の趣旨や理由を丁寧に説明し、保育の質の観点からも、保護者か

ら理解と同意を得られるように配慮することが大切である。こうした原則が守られているのであれば、移管後の保育内容が公立保育所の保育を完全にコピーされているかどうかは、公共性の継承という点からすると、さほど本質的な問題ではない。

　調査をしてわかったことは、公立保育所の存在意義ともいえる部分が、保育士個々人の経験知・暗黙知として受け継がれてきたために、引き継ぎや共同保育でも、継承されにくいものとなっていることである。これらが確実に継承されるためには、自治体の側においても、要保護児童への対応など専門的な見識や方法を業務マニュアルとして作成し、引き継ぎおよび共同保育のなかでも、保育士によってばらつきが生じないように、指導することが大切ではないか。公立保育所の保育士が、共同保育のなかで、OJTとして意識してこうした見識や方法を実践してみせ、移管先保育園の保育士に対し業務マニュアルの内容の習得を応援するなどの仕組みづくりが、自治体の課題と考える。公的保育の継承を公立保育所の保育士まかせにしていると、調査からも明らかなように、公的保育への不信感が生まれてしまう。逆に、公立保育所において蓄積された保育実践の経験知や暗黙知を言語化した上で移管先法人と共有できれば、公民連携によるセーフティネットの再構築が可能となる。

　さらにいえば、要保護児童への対応など専門的な見識や方法などは、引き継ぎ・共同保育という方法だけでは、十分に継承できない。しかも、引き継ぎ・共同保育に関わった園長や主任保育士などが、移管後に数年で退職している場合もある。民営化によって公的保育を継承するためには、移管後も民間保育園が公的保育のコアともいえる部分を学び続けることができる仕組みが必要であろう。たとえば、公立保育所が、要保護児童への対応などのテーマで研修を行う場合には、移管を受けた民間保育園の保育士も参加し、共に事例検討することを通じ支援の方法についての学びを深める、などが検討されてよい。あるいは、公立保育所と移管を受けた民間保育園が、相互に保育を公開し、公立保育所の保育士と移管を受けた民間保育園の保育士が公的保育について話し合う場を作り、公民が互いに学び合いながら得られた知見を公的保育の質の向上につなげることができれば、公共性が高い保育園の経営に役立つものと思われる。

4．公立保育所と連携し構築する地域子育ての安心セーフティネット

　移管される公立保育所が地域子育て支援事業を通じて地域の子育て家庭の支援にも関わってきたのであれば、その事業を継承することも必要である。たとえば、公立保育所が地域の子育てを支援する拠点として担ってきた役割を継承し、子育て相談・援助や親子同士の交流する場づくりなどの活動を通じ、地域において子どもの育ちを見守るネットワークを構築することも、引き継がれるべきものと考える。あわせて、地域の自治会、民生・児童委員、子育てサークルなどとの関係も引き継ぎの対象とされることが望まれる。

　実際、公立保育所の民営化に取り組む自治体においては、地域子育て支援事業の継承を移管条件の一つにあげている例もある。こうした例を参考にしてみると、移管先の民間保育園に対し、在園児の福祉のみならず、孤立して子育てをしている家庭を支える、子どもを虐待する恐れのある保護者を必要な支援につなげるなどの活動を継承してもらうことも必要ではないか。あらかじめ、移管後の民間保育園のあり方として、在園児が卒園した後も引き続き、地域における子育ての安心セーフティネットとしての役割を明確にしておくことが望まれる。たとえば、虐待を受けている要保護児童など、公的に支援の必要があるケースを発見した場合には、自治体などの関係機関と連携し、共同し家庭支援にあたる、などが考えられる。

　移管先の民間保育園には、移管後も公立保育所とも連携し、要保護児童を地域で発見した場合の対応方法を学び続けることが検討されるべきである。移管前の引き継ぎや共同保育では、移管後の保育園に求められる専門性を継承することは、実際には難しいと考えるからである。

　調査からは、移管後の保育園は、地域のニーズに応えるために、特別保育事業にとどまらず、地域において様々な公益的な活動を展開していることが明らかになった。保育園と地域との関わりも、移管される前の公立保育所の時よりも活動の内容が広がり、さらに強化されている例もみうけられた。地域子育てのセーフティネットとして公立保育所が担ってきた役割を継承しつつ、民間保育園経営の優れた部分をミックスして、公民協働し地域における子育てネットワークの強化につながるような、民営化のあり方が再検討されるべきである。

【参考文献】

尼崎市「公立保育所の今後の基本的方向」2007年9月
尼崎市「保育環境改善及び民間移管計画」2007年9月
尼崎市こども青少年本部「公立保育所民間移管の取り組みの検証について」2016年9月
平松知子『保育は人　保育は文化―ある保育園民営化を受託した保育園の話』ひとなる書房　2010年3月
ひとなる書房編集部編『涙では終わらせない　保育園民営化―当事者の証言』ひとなる書房　2008年8月
保育行財政研究会編『公立保育所の民営化―どこが問題か―』自治研究社　2000年1月
保育行財政研究会編『市場化と保育所の未来』自治研究社　2002年8月
垣内国光『民営化で保育が良くなるの？―保育の民営化問題ハンドブック』ひとなる書房　2006年8月
衣笠葉子「公立保育所の民営化」近畿大学法学　第55巻1号　pp142-171　2007年6月
前田正子「公立保育所の民営化：その背景と実態」日本経済政策学会年報　第48号　pp208-214　2000年
前田雅子「判例批評　公立保育所を廃止する条例の制定行為の処分性　平成21.11.26最高裁第一小法廷判決」民商法雑誌　第143巻1号　pp91-107　2010年10月
二宮厚美『構造改革と保育のゆくえ』青木書店　2003年3月
大阪市こども青少年局「公立保育所新再編整備計画」、2013年4月
大橋豊彦「公立保育所の民営化」尚美学園大学総合政策論集　第11号，pp25-55　2010年12月
堺市こども青少年局「市立保育所の民営化について」、2016年3月
蔡秀卿「公立保育所の廃止・民営化条例と裁判」大阪経済法科大学法学論集　第70号　pp61-86　2011年10月
佐藤晴彦「少子化における公立保育所民営化の問題点と三位一体改革が及ぼした影響」平成法政研究　第11巻2号　pp93-126　2007年3月
汐見稔幸・近藤幹生・普光院亜紀『保育園民営化を考える』岩波ブックレットNo651　岩波書店　2005年5月
社会福祉法人経営研究会編『社会福祉法人経営の現状と課題』全国社会福祉協議会　2006年9月
墨田区「墨田区保育所等整備計画」2015年9月
「特集　加速する公立保育所の民営化―その実態と課題について」月刊指定管理者制度　27号　pp4-12　2008年5月
田村和之『保育所の廃止』信山社2007年5月
横浜市こども青少年局「市立保育所民間移管実施基準（平成30年度移管用）」、2015年10月

【著者紹介】

関川　芳孝

〈略歴〉

大阪府立大学　地域保健学域教育福祉学類　教授

専攻：社会福祉法制論、福祉経営

神戸大学大学院法学研究科博士課程単位取得退学。琉球大学法文学部助教授、カリフォルニア大学バークレー校客員研究員、北九州大学法学部教授を経て、大阪府立大学社会福祉学部転任・人間社会学部改組、現在に至る。

最近の主な学外活動として、厚生労働省社会保障審議会福祉部会委員、内閣府教育・保育施設等における重大事故発生防止策を考える有識者会議委員、全国社会福祉協議会福祉サービスの質向上推進委員会委員、全国保育協議会保育所長専門講座運営委員会委員、大阪府障がい者差別解消協議会会長、兵庫県老人福祉事業協会理事、東大阪市社会福祉審議会会長、など。

〈主な著書〉

「社会福祉学習双書2016　社会福祉概論Ⅱ」（全国社会福祉協議会）、「保育士と考える実践保育リスクマネジメント講座」（全国社会福祉協議会、2008年）、「保育リスクマネジメント概論」大阪公立大学共同出版会、2013年）など。

梅田　直美

〈略歴〉

奈良県立大学　地域創造学部　講師

専攻：社会学

大阪府立大学大学院人間社会学研究科博士課程終了。

〈著書・論文〉

「児童虐待」（『関係性の社会病理』学文社、2016年）、「戦後日本における『母子密着』の問題化過程―1960‐80年代の新聞記事言説分析から」（『奈良県立大学研究季報』第25巻第4号、2015年）「戦後日本の団地論にみる『個人主義』と『家族中心主義』―「孤立」をめぐる言説史の視点から」（『方法としての構築主義』勁草書房、2013年）など。

木曽　陽子
〈略歴〉
　関西国際大学　教育学部　講師
　専攻：保育学、社会福祉学
　大阪府立大学大学院人間社会学研究科博士課程終了。

〈著書・論文〉
　『発達障害の可能性がある子どもの保護者支援―保育士による気づきからの支援』（晃洋書房、2016年）、「未診断の発達障害の傾向がある子どもの保育や保護者支援と保育士の心理的負担との関係―バーンアウト尺度を用いた質問紙調査より」（『保育学研究』第54巻第1号、2016年）、「『気になる子ども』の保護者との関係における保育士の困り感の変容プロセス―保育士の語りの質的分析より」（『保育学研究』第49巻第2号、2011年）など。

OMUPブックレット　刊行の言葉

　今日の社会は、映像メディアを主体とする多種多様な情報が氾濫する中で、人類が生存する地球全体の命運をも決しかねない多くの要因をはらんでいる状況にあると言えます。しかも、それは日常の生活と深いかかわりにおいて展開しつつあります。時々刻々と拡大・膨張する学術・科学技術の分野は微に入り、細を穿つ解析的手法の展開が進む一方で、総括的把握と大局的な視座を見失いがちです。また、多種多様な情報伝達の迅速化が進む反面、最近とみに「知的所有権」と称して、一時的にあるにしても新知見の守秘を余儀なくされているのが、科学技術情報の現状と言えるのではないでしょうか。この傾向は自然科学に止まらず、人文科学、社会科学の分野にも及んでいる点が今日的問題であると考えられます。

　本来、学術はあらゆる事象の中から、手法はいかようであっても、議論・考察を尽くし、展開していくのがそのあるべきスタイルです。教育・研究の現場にいる者が内輪で議論するだけでなく、さまざまな学問分野のさまざまなテーマについて、広く議論の場を提供することが、それぞれの主張を社会共通の場に提示し、真の情報交換を可能にすることに疑いの余地はありません。

　活字文化の危機的状況が叫ばれる中で、シリーズ「OMUPブックレット」を刊行するに至ったのは、小冊子ながら映像文化では伝達し得ない情報の議論の場を、われわれの身近なところから創設しようとするものです。この小冊子が各種の講演、公開講座、グループ読書会のテキストとして、あるいは一般の講義副読本として活用していただけることを願う次第です。また、明確な主張を端的に伝達し、読者の皆様の理解と判断の一助になることを念ずるものです。

　平成18年3月

OMUP設立五周年を記念して
大阪公立大学共同出版会（OMUP）

OMUPの由来

大阪公立大学共同出版会（略称OMUP）は新たな千年紀のスタートともに大阪南部に位置する5公立大学、すなわち大阪市立大学、大阪府立大学、大阪女子大学、大阪府立看護大学ならびに大阪府立看護大学医療技術短期大学部を構成する教授を中心に設立された学術出版会である。なお府立関係の大学は2005年4月に統合され、本出版会も大阪市立、大阪府立両大学から構成されることになった。また、2006年からは特定非営利活動法人（NPO）として活動している。

Osaka Municipal Universities Press(OMUP) was established in new millennium as an association for academic publications by professors of five municipal universities, namely Osaka City University, Osaka Prefecture University, Osaka Womens's University, Osaka Prefectural College of Nursing and Osaka Prefectural College of Health Sciences that all located in southern part of Osaka. Above prefectural Universities united into OPU on April in 2005. Therefore OMUP is consisted of two Universities, OCU and OPU. OMUP has been renovated to be a non-profit organization in Japan since 2006.

OMUPブックレット No.60

公立保育所の民営化
―公共性の継承をめぐって―

2017年3月13日　初版第1刷発行

編著者	関川　芳孝
発行者	足立　泰二
発行所	大阪公立大学共同出版会（OMUP） 〒599-8531　大阪府堺市中区学園町1−1 大阪府立大学内 TEL　072(251)6533　FAX　072(254)9539
印刷所	和泉出版印刷株式会社

©2017 by Yoshitaka Sekikawa, Printed in Japan
ISBN978−4−907209−71−1

OMUPブックレット No.60

公立保育所の民営化
―公共性の継承をめぐって―

関川芳孝 編著
梅田直美・木曽陽子

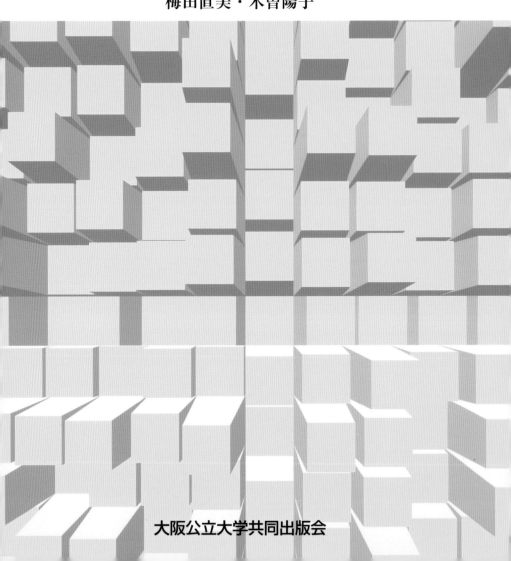

大阪公立大学共同出版会